NOUVELLE MÉTHODE

DE PLAIN-CHANT.

Extrait du registre des délibérations du Conseil royal de l'Instruction publique.

SÉANCE DU 5 AVRIL 1839.

Le Conseil royal de l'Instruction publique, sur le rapport de M. le Conseiller Orfila, décide qu'il y a lieu d'autoriser la *Nouvelle Méthode de Plain-Chant*, par M. Mathieu, ex-maître de musique de la Cathédrale de Versailles, et de la placer dans les bibliothèques des Ecoles normales primaires.

Le Conseiller, vice-Président,
Villemain.

Le Conseiller, exerçant les fonctions de Secrétaire,
V. Cousin.

Approuvé :

Le Ministre Secrétaire d'Etat au département de l'Instruction publique, Grand-Maître de l'Université,

PARANT.

PARIS. — IMPRIMERIE D'ADRIEN LE CLERE ET Cie,
RUE CASSETTE, N° 29, PRÈS SAINT-SULPICE.

NOUVELLE

MÉTHODE

DE PLAIN-CHANT

TRAITANT

DE TOUT CE QUI A RAPPORT A L'OFFICE DIVIN, A L'ORGANISTE, AUX CHANTRES, AUX ENFANS DE CHŒUR, ETC.,

AVEC

UNE NOTICE SUR LES PRINCIPALES FÊTES ET CÉRÉMONIES DE L'ÉGLISE ; UN ABRÉGÉ DU PLAIN-CHANT ANCIEN, ET L'EXPOSÉ DES PRINCIPES DE LA MUSIQUE MODERNE,

PAR M. MATHIEU,

Ex-maître de musique de la cathédrale de Versailles.

OUVRAGE AUTORISÉ

PAR LE CONSEIL ROYAL DE L'INSTRUCTION PUBLIQUE.

PARIS.

CHEZ L. HACHETTE,

LIBRAIRE DE L'UNIVERSITÉ ROYALE DE FRANCE,

RUE PIERRE-SARRAZIN, N° 12.

1839.

AVIS.

Tout exemplaire de cet ouvrage non revêtu de ma griffe sera réputé contrefait.

L. Hachette

A MONSEIGNEUR

L'EVÊQUE DE VERSAILLES

HOMMAGE

DE PROFOND RESPECT

Son très-humble serviteur

MATHIEU.

NOTICE

INDIQUANT LES PRINCIPALES PIÈCES DE CHANT, FÊTES ET CÉRÉMONIES, ET LES NOMS DES AUTEURS AUXQUELS ELLES SONT ATTRIBUÉES.

Dans les premiers temps de l'Eglise, la tradition était la seule règle pour les prières et les cérémonies des Chrétiens. Mais le témoignage des plus anciens Pères atteste que, dès cette époque, les prières différaient peu de celles qui se sont conservées jusqu'à nous; et, dès le temps des apôtres, elles étaient chantées en commun, comme nous l'apprend saint Paul en divers passages de ses Epîtres.

Ce fut le pape Damase (366-384) qui, le premier, sous le règne de Théodose, fit recueillir et mettre en ordre les psaumes, épîtres et évangiles qui devaient être chantés dans les réunions des fidèles, principalement pour le saint sacrifice de la Messe (1).

Toutefois le plus ancien *sacramentaire* (*Missel*) connu ne date que de saint Gélase (492-496). Plus tard, saint Grégoire (590-604) fit un autre sacramentaire que Charlemagne imposa aux églises d'Occident, et qui aujourd'hui encore est la base de toute la liturgie romaine (2).

(1) Dès l'origine de l'Eglise, on donna le nom de *Messe* (*renvoi*) à la célébration des saints mystères, parce qu'au moment du sacrifice, les catéchumènes que l'on préparait au baptême étaient *congédiés* de l'assemblée des fidèles.

(2) On a conservé long-temps à Paris quatre Missels de l'ancien rit gallican, qui portent les titres de *Missale Gothico-Gallicanum*; *Missale Francorum*; *Missale Gallicanum vetus*; *Liber Sacramentorum Ecclesiæ Gallicanæ*. Il y a aussi une lettre de saint Germain, évêque de Paris au IVe siècle, dans laquelle les cérémonies alors en usage sont expliquées.

L'Eglise de Milan conserva seule l'ancienne liturgie que lui avait donnée saint Ambroise, et que ne put détruire Grégoire VII lui-même, quoiqu'il parvînt à substituer dans diverses parties de la chrétienté le rit romain à celui des églises nationales.

Les autres liturgies anciennes qui se sont conservées sont celle de l'Eglise grecque, dont l'origine remonte, dit-on, à saint Jacques; celle d'Alexandrie ou des Cophtes; celle d'Abyssinie; celle des Arméniens, et celle des Nestoriens, etc. Toutes ces liturgies ont beaucoup de points de ressemblance, surtout pour les cérémonies de la messe.

Parmi les liturgies modernes, on distingue celles des Luthériens, des Calvinistes, des Anglicans et des Suédois.

Quoique la première liturgie écrite soit attribuée au pape Damase, quelques règles avaient été déjà prescrites plus anciennement pour la célébration des saints mystères, ainsi qu'on le voit par le tableau suivant :

119-129. — Le pape Sixte Ier ordonne que le *Sanctus,* un des plus anciens hymnes de l'Eglise, soit chanté à la messe, aussi bien par le peuple que par le prêtre. En 529, un concile tenu à Vaison prescrivit de le chanter même pendant le Carême et aux messes des morts.

127-139. — Saint Télesphore, septième pape, fait chanter le *Gloria in excelsis* à la messe de la nuit de Noël. Cet hymne est aussi de la plus haute antiquité; on l'attribue à tort à saint Hilaire qui vécut deux cents ans après Télesphore. Il était très-répandu dans les églises d'Orient, du temps de saint Athanase. En 500, le pape Symmaque l'introduisit dans toutes les églises d'Occident. En 768, Etienne III ordonna qu'il fût chanté tous les dimanches.

219. — Saint Calixte établit le jeûne des *quatre-temps.*

222. — Sous Urbain Ier, les chrétiens commencent à bâtir des églises.

230-235. — Saint Pontien fait réciter le *Confiteor* au commencement de la messe, et ajoute le *Gloria Patri* aux psaumes.

257-258. — Sous Sixte II, on commence à dresser les autels vers l'Orient.

325. — Le concile de Nicée arrête le symbole de la foi, et fixe la célébration de la Pâque au dimanche qui suit le quatorzième de la lune de l'équinoxe du printemps.

331. — Édit de Constantin contre les temples païens.

366-384. — Le pape Damase confie à saint Jérôme le soin de mettre en ordre les psaumes, épîtres et évangiles qui doivent être dits à l'office divin. Sous ce pape, les psaumes sont chantés par versets, et l'on ajoute à tous les offices l'*Alleluia,* qui jusque là ne se chantait que le jour de Pâques. Plus tard l'*Alleluia* fut supprimé dans l'office des Morts; et dès le temps de saint Augustin on ne le chantait plus pendant le Carême; on y substituait le verset *Laus tibi, Domine.* La *séquence* qui suit l'*Alleluia,* appelée aussi *pneuma* (souffle), était en usage dès le temps de saint Augustin, qui nomme ce chant *la Jubilation.*

381. — Deuxième concile général de Constantinople, où Grégoire de Nysse rédige le Symbole de la foi tel qu'il est aujourd'hui chanté à la messe, avec les mots ajoutés pour reconnaître la divinité du Saint-Esprit.

382. — Saint Ambroise règle la liturgie de l'église de Milan, comme saint Damase avait fait pour celle de l'église de Rome. On attribue à saint Ambroise l'invention du plain-chant moderne. Le *Te Deum* est de sa composition, ainsi que la première préface chantée dans les églises.

Les hymnes *Jam lucis* et *Audi benigne* sont aussi de saint Ambroise.

384. — Sous saint Sirice, successeur du pape Damase, saint Jérôme écrit le canon de la messe dans la forme où il s'est conservé jusqu'à nous.

398-401. — Anastase Ier ordonne de se tenir debout pendant la lecture de l'évangile. L'usage d'allumer des cierges et de brûler de l'encens pendant l'évangile est aussi de la plus haute antiquité. En 444, le concile d'Orange prescrivit de lire l'évangile avant l'*oblation*, à laquelle n'étaient pas admis les catéchumènes. C'est aussi sous Anastase que fut inventé, par l'évêque Paulin de Campanie, l'usage des cloches, qui furent dès lors appelées en latin *Campanæ.* D'autres rapportent que les premières cloches furent fondues à Naples en 604, et mises en usage sous Sabinien en 606. Elles furent bénites pour la première fois sous le pape Jean XIII, en 965.

401-417. — Le pape Innocent Ier ordonne que le baiser de paix, recommandé par les Apôtres, ait toujours lieu pendant l'office divin. Au 13e siècle, l'usage s'introduisit en Angleterre de donner la paix avec un instrument. Cet usage fut de suite imité en France, en Allemagne, en Italie et en Espagne.

416. — Le concile de Milève défend de réciter à la messe d'autres oraisons ou *collectes* (prières pour tous les fidèles réunis) que celles qui ont été approuvées par les évêques.

417-418. — Zozime fait bénir, le samedi de Pâques, le cierge dit *pascal*.

422-432. — Célestin Ier ordonne que *l'introït* (chant d'*entrée*), le *graduel* (chant qui se dit sur un *gradin*, pendant le *trajet* des diacres et sous-diacres pour la récitation de l'épître et de l'évangile), et l'*offertoire* (chant qui accompagne l'*offrande* des fidèles) soient tirés des psaumes de David. Le même pape fit réciter au commencement de la Messe le psaume *Judica me, Deus*, et établit l'usage de chanter trois fois le *Sanctus*. La partie du graduel qui se dit sans interruption et tout d'une suite se nomme *trait;* ce que le chœur répète est le *répons*. L'offertoire se chante ordinairement en musique, parce que, d'après l'ancien usage du peuple Juif, les enfans d'Aaron devaient, pendant l'oblation, faire retentir leurs trompettes et chanter en chœur.

436. — Sixte III institue la fête de saint Pierre-aux-liens, le 1er août, en remplacement d'une fête païenne qui se célébrait encore pour la victoire d'Auguste sur Antoine.

440-461. — Léon Ier ajoute à la messe l'*Orate pro me fratres*, le *Deo gratias*, et le *Hanc igitur;* il défend de chanter l'*Alleluia* depuis la Septuagésime jusqu'à Pâques.

470. — Saint Mamert, évêque de Vienne en Dauphiné, établit les Rogations pour apaiser les tremblemens de terre qui se faisaient ressentir à cette époque.

492-496. — Saint Gélase, auteur du plus ancien *sacramentaire* connu, ajoute au canon de la messe le *Te igitur clementissime*, et à la préface le *Dignum et justum est*. Il compose plusieurs hymnes, collectes, répons et graduels, et fixe la cérémonie des ordinations aux quatre temps de l'année.

498-514. — Symmaque ordonne de chanter le *Gloria in excelsis* les dimanches et les jours solennels des martyrs. Sous le même pape on commence à chanter le *Magnificat* à Vêpres.

506. — Le Concile d'Agde prescrit la tonsure des clercs, le jeûne du Carême, et la communion aux trois grandes fêtes de Noël, Pâques et la Pentecôte.

510. — Sous Hormisdas, Timothée, évêque de Constantinople, ordonne de chanter le symbole de Nicée dans toutes les assemblées des fidèles, et surtout à la messe.

525. — Le poète Boëtius compose l'hymne de saint Pierre, *Aurea luce.*

526-530. — Félix III ordonne de célébrer tous les ans la Dédicace des églises.

529. — Le Concile de Vaison ordonne aux églises des Gaules de chanter le *Kyrie eleison* et le *Sanctus* à la Messe, comme c'était déjà la coutume dans les églises d'Orient et d'Italie. Le même concile fit dire le nom du pape dans les prières de la messe, et ajouta au *Gloria Patri* les mots *Sicut erat.*

535-536. — Agapet ordonne de faire la procession autour de l'église chaque dimanche.

536-538. — Saint Sylvestre institue la fête de la Purification.

537-555. — Vigile ordonne que la messe soit dite vers l'Orient.

555-560. — Pelage Ier ordonne de chanter les sept heures canoniales, et ajoute à la messe *la mémoire des Trépassés.*

561. — Le concile de Braga ordonne aux évêques et aux prêtres de saluer le peuple par ces mots : *Dominus sit vobiscum.* Cette salutation était en usage dès le temps de saint Chrysostôme et de saint Clément d'Alexandrie. En Orient les prêtres, au lieu du *Dominus vobiscum*, disent *Pax vobis*, comme aujourd'hui encore les évêques d'Occident.

578-590. — Pélage II fixe à neuf le nombre des préfaces, et ordonne que le *Credo* soit récité tous les dimanches à haute voix.

585. — Le concile de Mâcon ordonne à tous les assistans d'offrir du pain et du vin pour le sacrifice de la messe.

589. — Le 3e concile de Tolède ordonne à toutes les églises d'Espagne de chanter le *Credo* selon la formule des églises d'Orient. A la fin du VIIIe siècle on le fit également chanter en France

et en Allemagne. En 1014 le pape Benoît XIII en ordonna l'usage dans toutes les églises de Rome, quoique aucune hérésie n'y eût pénétré.

590-604. — Saint Grégoire fait un nouveau sacramentaire pour l'office divin, et réforme le chant d'église, qui prit de lui le nom de chant Grégorien. Il ajouta les antiennes aux psaumes, et fit dire le *Deus in adjutorium* au commencement des heures canoniales. Il fit chanter le *Kyrie* neuf fois à la messe, et le *Pater noster* à haute voix. On lui attribue les hymnes : 1° *Nocte surgentes ;* 2° *Primo dierum omnium ;* 3° *Ecce jam noctis ;* 4° *Clarum decus jejunii ;* 5° *Audi benigne conditor* (attribué aussi à saint Ambroise); 6° *Magno salutis gaudio ;* 7° *Rex Christe factor omnium ;* 8° *Jam Christus ascenderet.* Ce fut aussi le pape Grégoire qui établit les processions des Rogations, de la Chandeleur et des Rameaux. On lui attribue le lavement des pieds, et l'adoration de la croix pieds nus, les jeudi et vendredi saints.

606. — Fortunat, évêque de Poitiers, compose l'hymne *Vexilla regis.*

607-614. — Boniface IV institue le 1er mai la fête de tous les Saints, qui fut reportée plus tard au 1er novembre.

610. — Le concile de Tolède ordonne de chanter l'*Alleluia* dans toutes les églises d'Occident.

640-642. — Jean IV institue la prière de l'*Angelus*, en l'honneur de la Vierge, et fait sonner trois fois la cloche à six heures du soir.

666. — Sous le pape Vitalien, les orgues commencent à s'introduire dans les églises.

682-683. — Léon II ordonne que le baiser de paix soit donné après l'*Agnus Dei* à tous les assistans. On doit aussi à ce Pape quelques améliorations dans le chant Grégorien.

687-701. — Serge Ier fait chanter l'*Agnus Dei* pendant la fraction de l'hostie. Vers 900 on a commencé à le chanter trois fois. Jusqu'au

XIIe siècle les trois *Agnus* se terminaient par les mots *miserere nobis;* mais vers l'an 1100 on termina dans la plupart des églises le troisième *Agnus* par les mots *dona nobis pacem*, qui, le siècle suivant, furent remplacés par ceux-ci, *dona eis requiem,* dans les messes des morts.

692. — Sous Serge Ier le concile *in Trullo* défend d'introduire dans l'office divin aucune musique profane. Cette défense fut renouvelée à Cloveshon en 747, et à Bourgersen en 1584.

731-741. — Grégoire III ajoute au secret de la messe, *quorum solemnitas hodie.*

711-744. — Luitprand, premier roi des Lombards, prend des musiciens, prêtres et élèves, pour faire chanter la messe.

741-752. — Zacharie, pape, ordonne aux églises d'avoir des *chapes* et autres *ornemens* tissés d'or et enrichis de pierres précieuses. (On voit encore dans l'église Saint-Pierre, à Gonesse, des chapes chargées d'or, données par la reine Blanche, mère de saint Louis; une seule de ces chapes pèse de cinquante à soixante livres.)

742. — Un Capitulaire de Pepin-le-Bref ordonne aux prêtres et aux diacres de ne pas quitter la chasuble, même en dehors des églises.

743. — Le Concile de Rome renouvelle la défense faite par saint Paul d'assister à la messe la tête couverte.

754. — Le pape Etienne envoie des chantres à l'empereur Pepin, qui le premier avait introduit en France le rit et le chant Romain. On fait remonter jusqu'à Pepin l'origine de la *Chapelle* des rois de France, sous un maître de musique nommé Ménestrel.

757. — L'empereur Copronyme envoie à Pepin les premières orgues qu'on ait vues en France. Pepin les fit placer dans l'église de Saint Corneille à Compiègne.

758. — Le pape Paul Ier envoie à Pepin l'*Antiphonale* et le *Responsale* romain.

768-772. — Sous Etienne III, l'usage de chanter à la messe le Symbole de Nicée s'introduit dans les églises de France et d'Allemagne.

771-814. — Charlemagne envoie plusieurs élèves à Rome, pour apprendre le chant romain; ces élèves à leur retour commencèrent à l'enseigner dans l'église de Metz en Lorraine, puis dans d'autres parties de la France.

781. — Adrien Ier voulant propager davantage le chant Grégorien en France, envoie à Charlemagne le Sacramentaire de saint Grégoire. Les capitulaires de ce prince ordonnent à tous les prêtres de se conformer au rit romain pour la célébration du saint office. L'hymne *Veni Creator* et son chant sont attribués à Charlemagne.

787. — Le Deuxième concile de Nicée ordonne de placer les reliques des saints dans les églises et sur les autels.

795. — Léon III fait chanter les Litanies à la fête des Rogations.

804. — Alcuin, précepteur de Charlemagne, compose l'hymne *Ut queant laxis*, attribué aussi à Paul diacre.

813. — Le concile de Reims réserve aux sous-diacres le droit de chanter l'épître dans les messes solennelles. Ce droit était précédemment attribué aux *lecteurs*.

815-840. — Théodulphe, évêque d'Orléans, compose l'hymne *Gloria, laus*, du dimanche des Rameaux.

835. — Grégoire IV remet la fête de la Toussaint au 1er novembre.

840-877. — Charles-le-Chauve passe pour l'auteur du répons *Quàm admirabilis*, qui se chante à la Saint-Martin.

...

844-847. — Serge II ordonne la fraction du pain en trois parties.

847-855. — Léon IV institue la fête de l'Assomption, et compose plusieurs collectes ou oraisons.

Le même pape recommande dans une lettre pastorale la distribution du pain bénit à la messe : cette distribution était d'usage immémorial dans les églises, ainsi qu'on le voit par les écrits de saint Grégoire, de saint Augustin et de saint Paulin. Le même pape défendit aux prêtres de célébrer la messe sans l'amict, l'aube, l'étole, le manipule et la chasuble.

852. — Hincmar, évêque de Reims, ordonne aux prêtres de savoir par cœur le canon de la messe. La même obligation fut prescrite en 889 par Riculfe, évêque de Soissons. Hincmar rappela aussi l'usage du pain bénit dans les églises.

880. — Notker, moine de Saint-Gall, est considéré comme le premier auteur des *proses*, vers libres qui suivent l'*Alleluia*. On en composa un grand nombre; mais les conciles de Cologne en 1536, et de Reims en 1564, en supprimèrent beaucoup. L'église de Rome n'en reconnaît que quatre : celles de Pâques, de la Pentecôte, du Saint-Sacrement et des Morts.

965. — Baronius attribue au pape Jean XIII l'institution du *baptême des cloches;* mais dom Martenne dit qu'elle est plus ancienne de deux cents ans.

996. — Grégoire V institue l'office dela Vierge.

996-1031. — Le roi Robert, étant à Rome, fait chanter la prose *Sancti Spiritûs adsit nobis gratia*, qu'il avait composée. Ce même roi est auteur de plusieurs autres chants d'église, tels que le ℟ de Noël, *Juda et Jérusalem*, et l'hymne *Constantia martyrum*, en l'honneur de saint Pierre.

1000. — Odilon, abbé de Cluny, institue dans

son monastère la fête des *Trépassés*, le lendemain de la Toussaint.

1004. — Jean, pape, confirme la fête des *Trépassés*, et ordonne qu'elle soit observée dans toutes les églises.

1007-1029. — Fulbert, évêque de Chartres, compose, en l'honneur de la Vierge, les ℟ ℟ *Stirps Jesse*, *Chorus angelorum*, etc., et plusieurs autres hymnes et oraisons.

1028. — Sous Jean XIX, Guido, moine d'Arezzo, invente la gamme et les notes qu'il substitue aux lettres pour écrire la musique.

1040-1054. — Hermann-le-Contract, abbé de Reichnau, compose les antiennes *Salve regina*, *Alma Redemptoris mater*. On attribue aussi à cet auteur la prose de la Pentecôte, *Veni sancte Spiritus*, qui remplaça celle qu'avait composée, dit-on, le roi Robert.

1049. — Concile de Reims où fut chanté pour la première fois l'hymne *Veni Creator*. Saint Hugues, abbé de Cluny, est le premier qui ait ordonné de chanter cet hymne à tierce, le jour de la Pentecôte. A la fin de ce concile, le pape donna une bulle qui prescrivait de célébrer la fête de saint Remi le 1er octobre.

1057-1072. — Pierre Damien, qui composa l'hymne *Ad perennem vitæ fontem*, introduit parmi les fidèles l'usage du chapelet.

1073-1085. — Grégoire VII abolit en Espagne le rit mosarabe.

1088. — Urbain II compose la messe *De Beata* pour le samedi de la Vierge.

1091-1153. — Saint Bernard fait de nouvelles améliorations dans le chant Grégorien, et compose plusieurs hymnes. L'*Ave, maris stella*, qu'on lui attribue, existait deux cents ans avant lui.

1095. — Concile de Clermont, où fut résolue la première croisade, et où l'on régla le petit office de la Vierge pour tous les jours, et l'office canonial pour tous les samedis non fériés.

— A la fin du XIe siècle, l'usage était établi, dans l'église de Rome, de distinguer les différentes fêtes de l'année par quatre couleurs principales. A cette époque, le blanc servait pour les Confesseurs et les Vierges, le rouge pour les Apôtres et les Martyrs, le noir pour les jours de jeûne, le Carême et l'Avent, et pour les messes des Morts, et le vert pour toutes les féries. Plus tard on substitua le violet au noir pour les jours de jeûne.

1139. — Deuxième concile de Latran, où fut réglée la forme des habits ecclésiastiques.

1171-1221. — Saint Dominique établit l'usage du *rosaire* pour les chrétiens qui ne savent pas lire. A peu près à la même époque, Simon Stock, général des Carmes, porte le *scapulaire*, avec l'approbation du pape.

1191-1198. — Sous Célestin III, la communion n'est plus administrée aux laïques que sous la seule espèce du pain.

1198. — Le légat Pierre de Capoue défend de célébrer aucune fête mondaine dans les églises. Un concile tenu à Paris en 1213 renouvela cette défense.

1198-1216. — On attribue à Innocent III le *Stabat Mater*, et la belle prose *Veni, sancte Spiritus;* mais le *Stabat* est de Taio-Poné de Todi, moine du XIVe siècle, et le *Veni sancte* de Hermann-le-Contract, ainsi que nous l'avons dit plus haut.

1215. — Quatrième concile de Latran, qui ordonne d'enfermer sous clef le saint chrême et l'Eucharistie, et qui prescrit aux fidèles de l'un et de l'autre sexe de se confesser, et de communier au moins une fois l'an.

1216-1227. — Honoré III ordonne aux fidèles de s'incliner quand on lève l'hostie ou qu'on la porte aux malades.

1227-1241. — Grégoire IX ordonne que le *Salve regina* soit annoncé au son de la cloche.

1227-1274. — S. Thomas d'Aquin est auteur de la prose *Lauda Sion*, et de l'*O salutaris hostia*, que Louis XII, au XVe siècle, fit chanter dans toutes les églises pendant l'élévation de l'hostie.

1229. — Concile de Toulouse qui défend aux laïques d'avoir d'autres livres saints que le Psautier, le Bréviaire et les Heures de la Vierge.

1243-1254. — Innocent IV institue la fête de *la Nativité de Notre-Dame*.

1264. — Urbain IV institue la fête du Saint-Sacrement, et la fixe à perpétuité au jeudi après l'octave de la Pentecôte. L'office de cette fête fut composé par saint Thomas d'Aquin.

1294. — Le cardinal Frangipani compose la prose *Dies iræ*, qui n'a été dite à la messe qu'au commencement du XVIIe siècle, quoiqu'on la trouve dans quelques missels du XVIe siècle. Quelques auteurs attribuent le *Dies iræ* à Thomas Celanus, frère mineur Franciscain.

1294-1303. — Boniface VIII ordonne que la fête des douze Apôtres et des quatre Evangélistes soit du rit majeur (1); il compose l'oraison *Ave Maria gloriosa*.

1316-1334. — Une Bulle du pape Jean XXII accorde des indulgences à ceux qui diront trois fois l'*Angelus* à l'heure du couvre-feu.

1320. — Concile de Sens où, pour la première fois, il est parlé de l'exposition du saint Sacrement.

1342. — Clément VI compose la messe *de Mortalitate*.

(1) Sous l'épiscopat de monseigneur E. Borderie, évêque de

1347. — Concile de Paris qui rappelle la bulle du pape Jean XXII.

1350. — Bulle de Clément VI qui ordonne la célébration du *Jubilé* tous les cinquante ans.

1366. — Concile d'Angers où l'on règle la manière dont doit être dit l'office des Morts et l'office de la Vierge.

1378-1389. — Urbain VI institue la fête de la *Visitation de la Vierge.* Cette fête fut confirmée par son successeur Boniface IX, qui composa en l'honneur de la Vierge l'oraison *Obsecro te, Domine*, et plusieurs autres. Le concile de Bâle confirma aussi cette fête, ainsi que celle de la *Conception.*

1438. — Concile de Ferrare qui proclame la primauté du Saint-Siége sur toute la terre. Cette primauté existait de fait depuis Grégoire VII.

1455-1458. — Calixte III institue la fête de la *Transfiguration* le 6 août.

1470. — Paul II ordonne que le Jubilé soit célébré tous les vingt-cinq ans.

1471-1484. — Sixte IV institue plusieurs autres fêtes; celles du *Séraphin*, de *saint François*, de la *Conception*, de la *Présentation*, de *sainte Anne* et de *saint Joseph.* Il composa l'oraison *Ave sanctissima* , etc.

1500. — La découverte récente de l'imprimerie (1450) permet de répandre parmi les laïques l'*ordinaire de la Messe* en latin.

1525-1602. — Commire est auteur de l'hymne *Perfusus ora lacrymis.*

1563. — Dernier concile général tenu à Trente. Parmi les nombreux décrets qu'on y promulgua, nous devons mentionner celui qui est relatif aux livres canoniques et au sacrifice de la messe, qui

Versailles, elles ont été établies du rit solennel-mineur, dans son diocèse.

ne peut être célébré que dans les églises consacrées et avec les cérémonies approuvées par le concile; un autre décret du même concile exclut sévèrement des églises toute musique profane.

1551. — Concile de Narbonne qui défend aux chanoines d'avoir au chœur ni Bréviaire, ni aucun autre livre. Cette pratique s'observait encore il y a peu de temps dans les églises de Lyon et de Rouen.

1558. — Institution de la fête de la *Chaire de saint Pierre* à Rome, au 8 janvier.

1550-1600. — Ducaurroy, maître de chapelle des rois Charles IX, Henri III et Henri IV, met en musique beaucoup des anciens airs appelés *noëls*, dont quelques-uns remontent, dit-on, aux bardes gaulois.

1565. — Le concile de Cambrai défend de chanter le *Credo* en musique, ou avec accompagnement des orgues, de peur que les fidèles ne puissent tous participer à cette profession de foi.

1566-1572. — Sous le pape Pie V on supprime aux messes des Morts le psaume *Judica me*.

— Vers la fin du XVIe siècle parut la première version française de l'ordinaire de la messe, imprimée par ordre du cardinal de Lorraine, archevêque de Reims.

1594. — Le concile d'Avignon autorise l'usage de la musique dans les églises, comme éminemment propre à inspirer le sentiment religieux.

1607. — Le concile de Malines ordonne de ne faire usage dans les offices divins que de musique grave, et défend aux orgues et aux chanteurs de faire entendre dans les églises ou dans les processions aucune musique profane.

1623-1644. — Urbain VIII, très-versé dans les littératures grecque et latine, compose des hymnes pour les diverses fêtes de l'année.

1630-1647. — Santeuil, dit le Victorin, compose une grande partie des hymnes modernes. Le *Stupete gentes* est son chef-d'œuvre. Elles sont indiquées dans le Bréviaire par les lettres S. V.

1645-1668. — Isaac Habert compose l'hymne *Rex summe, Regum.*

1665.— Établissement de la fête de saint François de Sales.

1676-1746. — Coffin, membre de l'Université de Paris, compose plusieurs hymnes, entre autres celles du dimanche : *Statuta ; Jam desinant suspiria ; Quò vos magistri ; Quæ stella pulchrior ; Tandem laborum ; Virgo Dei genitrix.* Elles sont désignées dans le Bréviaire par la lettre C.

FIN DE LA NOTICE.

DU PLAIN-CHANT ANCIEN.

La tradition mythologique rapporte que, l'an 2,000 du monde, Mercure inventa une Lyre qu'il fit avec une écaille de tortue, à laquelle il attacha trois cordes qui rendaient les sons, *mi, si, mi* (1), représentant par leur harmonie les trois saisons égyptiennes.

Le son grave ou hypate, *mi*, répondait à l'hiver;

Le son du milieu ou la mèse, *si*, répondait au printemps;

Le son aigu ou la nète, *mi*, répondait à l'été.

En Grèce, Apollon y ajouta une quatrième corde, *la;* Corebus, une cinquième, *re;* Hyagnis, une sixième, *ut;* Terpandre, une septième, *si*.

La Lyre, composée de sept cordes (Heptacorde), demeura dans cet état jusqu'à Pythagore, qui, environ cinq ou six cents ans avant Jésus-Christ, y ajouta une huitième corde, *la*, à laquelle il donna le nom de *Proslambanoménos*, c'est-à-dire corde ajoutée, pour rendre les extrémités consonnantes, de dissonnantes qu'elles étaient.

EXEMPLE.

Note ajoutée.

La — si, ut, re, mi, fa, sol, la.

Timothée (2) et d'autres novateurs s'étant aperçu que l'étendue de la voix pouvoit aller plus loin, ajoutèrent successivement d'autres cordes à celles qui exis-

(1) Selon M. de Brossart, ces cordes se nommoient *mi, fa, sol.*

(2) Timothée, dans un concours de musique, voulut jouer avec une lyre à onze cordes; un éphore ou inspecteur s'en étant aperçu, lui en fit retrancher quatre. Terpandre fut condamné à une forte amende pour en avoir employé plus de sept.

taient déjà, et composèrent la lyre à deux octaves, ou de quatre tétracordes (1).

Chaque tétracorde commençait par un demi ton majeur, suivi d'un ton majeur, et d'un ton mineur.

La note *si* était variable, et marquée par un signe ♭, nommé bémol; ou par ce signe ♮, ou *h*, appelé bécarre; ce qui faisait que ces deux octaves étaient formées de seize notes.

En se servant du *si* bécarre au troisième tétracorde, les troisième et quatrième tétracordes conjoints sont semblables aux deux premiers, une octave plus haut.

Si, ut, re, mi, fa, sol, la.

1er et 2e tétracordes conjoints.

Si ♮, *ut, re, mi, fa, sol, la.*

3e et 4e tétracordes conjoints.

En se servant du *si* bémol au troisième tétracorde, les trois premiers sont conjoints, et le quatrième disjoint.

Si, ut, re, mi, fa, sol, la, si ♭, *ut, re,* — *mi, fa, sol, la.*

Les Grecs divisèrent le ton majeur en deux demi tons, majeur et mineur (2) : ensuite, par imitation, ils en firent autant du ton mineur, ce qui forma leur gamme chromatique, composée de douze demi tons (3).

(1) Tétracorde signifie quatre cordes.

(2) Et en quarts de tons; mais ils sont inusités chez les modernes. Dans leur système, ils avaient un *re* dièze ♯ et un *mi* ♭, un *sol* dièze ♯ et un *la* ♭; ces deux cordes formaient des intervalles enharmoniques qu'on faisait sonner à volonté au moyen de deux touches brisées. Leur gamme avait ainsi quinze touches au lieu de treize. (J.-J. Rousseau.)

(3) Le chant ecclésiastique a gardé le genre diatonique usité dans les chants religieux antiques. Il y a dans notre plain-chant moderne des chefs-d'œuvre de noble simplicité; tels que le *Libera;* la Prose des morts, *Dies iræ;* celle de la Fête-Dieu, *Lauda Sion;* l'Hymne *Pange lingua, etc.* La mélodie à l'unisson, ou octave, telle que l'ont pratiquée les anciens, est préférable à tous les accords bruyans et dissonnans qu'on emploie aujourd'hui, et qui font souvent une cacophonie insupportable. La musique des anciens produisait des effets prodigieux avec ce système d'unisson.

NOTATION MUSICALE DES GRECS.

HEPTACORDE GRAVE (1).

Te, ta, té, tô, ta, té, tô, te.

Note ajoutée.
* La, si, ut, re, mi, fa, sol, la.

HEPTACORDE AIGU.

Ta, té, tô, ta, té, tô, te.

* Si, ut, re, mi, fa, sol, la. (2)

En Grèce, dans les temps les plus reculés, la poésie et les lois étaient chantées; les plus anciennes lois sont en vers. Les poètes, les magistrats et les principaux chefs de l'état, cultivaient seuls la musique (3); ils transmettaient les lois au peuple en chantant et en s'accompagnant ou se faisant accompagner avec la lyre. Cette manière d'enseigner s'est perpétuée, sans le secours de l'écriture, jusque dans les premiers siècles de l'ère chrétienne.

Au IIIe siècle, le chant vocal fut généralement adopté dans les églises d'Orient. Auparavant on récitait les psaumes à peu près comme on dit les prières, surtout dans quelques couvens.

Le pape Damase introduisit également l'usage du chant dans les églises de Rome.

Saint Ambroise fit de même à Milan au IVe siècle. Il choisit quatre toniques grecques, sur lesquelles il composa le plain-chant moderne, dont on lui attribue l'invention. Ces toniques étaient la *dorienne,* répondant à *re;* la *phrygienne,* à *mi;* la *lydienne,* à *fa;* et la *mixolidienne,* à *sol.* Ces quatre toniques, que l'on appelle *authentes,* existent encore de nos jours.

(1) Les deux lignes précédées d'un astérisque indiquent les notes qui ont remplacé les anciennes.

(2) Dans le XIe siècle, Guy d'Arezzo, moine bénédictin, ajouta une note au-dessous du système des Grecs, qu'il appela *hypoproslambanoménos* ou *sol,* c'est-à-dire note sous-ajoutée, désignée par ce signe Γ, nommé gamma, d'où vient probablement le nom de gamme.

(3) Une loi interdisait au peuple la poésie et la musique; et, parmi les grands, quiconque ne savait pas chanter ou jouer d'un instrument, était regardé comme un ignorant ne sachant ni lire ni écrire.

Au VIe siècle, saint Augustin, premier évêque de Cantorberi, imita saint Ambroise. Cette manière de chanter fut suivie dans tout l'Occident, en Italie, en Afrique, en Espagne et en France.

La musique des Grecs était tellement chargée de signes, qu'on en comptait 1,620, tant pour la musique vocale que pour l'instrumentale.

Les Romains du temps de Boèce, au Ve siècle, comprenant l'inutilité de cet amas de signes, y avaient substitué les quinze premières lettres de leur alphabet.

A, B, C, D, E, F, G, H, I, K, L, M, N, O, P (1).

* *La, si, ut, re, mi, fa, sol, la, si, ut, re, mi, fa, sol, la.*

Au VIe siècle, saint Grégoire réduisit ces quinze lettres à sept, savoir :

A, B, C, D, E, F, G.

La, si, ut, re, mi, fa, sol.

Les grandes lettres A, B, etc., indiquaient l'octave grave;

Les petites, a, b, c, d, e, f, g, la seconde octave ou moyenne;

Les mêmes doublées, aa, bb, etc., la troisième octave ou l'aiguë.

Saint Grégoire ajouta aux quatre tons de saint Ambroise les quatre suivans : le *sous-dorien*, répondant à *la*; le *sous-phrygien*, à *si*; le *sous-lydien*, à *ut*; et le *sous-mixolidien*, à *ré*.

Ces quatre tons furent appelés plagaux ou adjoints. Ils étaient une quarte au-dessous des authentes.

DIFFÉRENCE DES TONS AUTHENTES AUX TONS PLAGAUX.

Les authentes ont la quinte au grave et la quarte à l'aigu.

EXEMPLE :

quinte. quarte. quinte. quarte.

Re — La — Re.

(1) On voit que les lettres de la seconde octave n'étaient point semblables à celles de la première.

Les plagaux ont la quarte au grave et la quinte à l'aigu.

quarte. quinte. quarte. quinte.

La — Re — La.

Saint Grégoire s'appliqua principalement à régler l'office et le chant de l'église; il institua de plus une école de chant, afin que les clercs, chantres ou machicots s'exerçassent à se former la voix et à chanter juste.

DES GAMMES ET MODES GRECS,

OU LES HUIT TONS DE L'ÉGLISE, MIS EN USAGE PAR SAINT GRÉGOIRE.

Il y a sept gammes différentes, tirées d'après la gamme moderne, ut, re, mi, fa, sol, la, si.

1° *Dorienne*, Re, mi, fa, sol, la, si, ut, re.
2° *Phrygienne*, Mi, fa, sol, la, si, ut, re, mi.
3° *Lydienne*, Fa, sol, la, si, ut, re, mi, fa.
4° *Mixo-lydienne*, Sol, la, si, ut, re, mi, fa, sol.
5° *Eolienne*, La, si, ut, re, mi, fa, sol, la.
6° *Ionienne*, Si, ut, re, mi, fa, sol, la, si,
7° *Hypo-phrygienne*, Ut, re, mi, fa, sol, la, si, ut.

Les cinq premières gammes appartiennent aux tons authentes. La sixième ne peut devenir authente, parce que sa quinte supérieure n'est pas juste; car elle donnerait pour sa plagale *fa* dièze, *sol*, *la*, *etc.* ce qui ne peut avoir lieu à cause de l'altération du *fa* dièze qui n'existe point dans toutes les gammes.

EXEMPLE EN NOTES MODERNES.

Les notes rondes désignent la tonique, et les notes rapprochées les intervalles par demi tons.

Les demi tons sont de *mi* à *fa*, et de *si* à *ut*.

Les tons sont de *re* à *mi*, de *fa* à *sol*, de *sol* à *la*, de *la* à *si*, et d'*ut* à *re*.

TONS AUTHENTES, NOMMÉS HARMONIQUES.

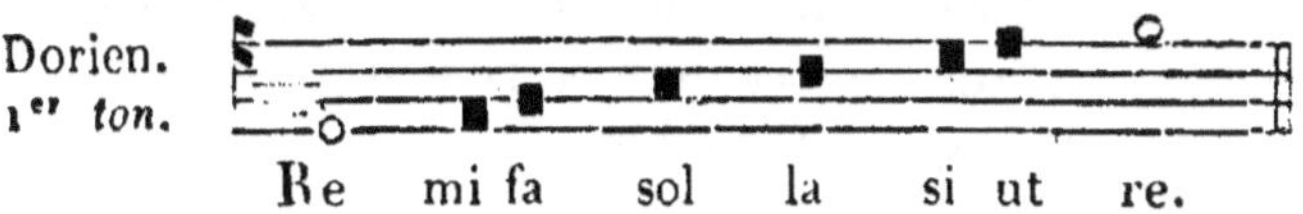

La différence qu'il y a du Dorien à l'Hypo-Mixo-Lydien, est que dans ce dernier la tonique est *sol*, et que dans le Dorien, la tonique est *re*.

(1) Hypo signifie *sous*.

Ces tons portaient le nom des peuples chez lesquels ils étaient le plus en usage, ou avaient été inventés.

Les tons authentes ou primitifs commencent leur gamme par la tonique, et les plagaux par la quarte au-dessous.

Ces douze tons ou gammes se réduisent à huit.

1° Le Dorien et l'Eolien, qui se confondent. (Ce dernier est transposé à la quinte au-dessus ou à la quarte au-dessous. Comme les tons et les demi tons ne sont pas à la même distance, on met le *si* bémol à la clé dans le Dorien, pour avoir la gamme naturelle de l'Eolien en conservant la même clé; ainsi des trois qui suivent.)

2° L'Hypo-Dorien et l'Hypo-Eolien.

3° Le Lydien et l'Ionien.

L'Hypo-Lydien et l'Hypo-Ionien.

EXEMPLE DE CES QUATRE MODES.

Dans le deuxième ton, il n'est point d'usage de mettre le *si* bémol à la clé; mais, selon le besoin, on le met dans le cours d'une pièce de chant. Dans le chant romain par a. d. de La Feuillé, en 1749, le *si* bémol n'est marqué nulle part ; il n'est en usage à la clé que dans les 1 en D, et 5 et 6 en C, transposés comme ci-après.

Dans ces derniers tons, on est dans l'usage de les marquer par C quoiqu'ils finissent par F ; de là est venu que l'on a donné à la clé d'*ut* le double nom de *C sol ut*, parce que la note *ut* peut se changer en *sol*, ou le *sol* en *ut*, par la transposition.

De même que l'*ut* peut se changer en *fa* ou le *fa* en *ut*.

On a conservé l'ancienne clé C ou note grégorienne qui répond à notre *ut;* mais elle ne sert à rien. On a donné ensuite ces noms de *C sol ut* à la tonalité ; de sorte que si la pièce de chant est en *ut* ou en *re*, on peut dire la pièce est en C *sol ut*, ou en D *la re, etc*

EXEMPLE.

B	fa	si
A	mi	la
G	re	sol
F	ut	fa
E	si	mi
D	la	re
C	sol	ut

Les facteurs marquent aussi par ces lettres majuscules les chevilles où sont attachées les cordes du piano. Elles signifient encore la tonique et la dominante en musique, mais non pour le plain-chant. Ce ne serait au plus que dans les tons authentes et non dans les plagaux, car le 2e et le 6e ton ont pour dominante la tierce. *Voyez ci-après.*

Les personnes qui ne seraient pas familiarisées avec la clé d'*ut* première et seconde lignes, pourront prendre la clé d'*ut* avec un bémol ou quatre degrés plus haut.

Clé d'*ut* 2e ligne.

Du 6e ton en C ou *ut*, au lieu de cette clé, prenez celle qui est sur la quatrième ligne.

Clé d'*ut* 4e ligne.

On le marque de même quoique la pièce finisse par *fa*.

Clé d'*ut* 1re ligne.

Du 5e ton en C ou *ut*, au lieu de cette clé, prenez celle qui est sur la troisième ligne.

Clé d'*ut* 3e ligne.

On le marque de même quoique la pièce finisse par *fa*.

Clé d'*ut* 2e ligne.

Du 1er ton en A ou *la*, au lieu de cette clé, prenez celle qui est sur la quatrième ligne.

Clé d'*ut* 4e ligne.

On le marque de même quoique la pièce finisse par *re*.

Ce sont ces transpositions qui ont fait réduire les douze tons à huit (1).

MANIÈRE D'ÉCRIRE OU DE NOTER LE PLAIN-CHANT.

Au VIIIe siècle, Damascenus inventa les deux lignes suivantes, qui renferment les sept lettres grégoriennes, ainsi que les notes.

(1) Je préviens MM. les musiciens, s'ils veulent savoir le plain-chant, de bien étudier les gammes précédentes qui ne ressemblent en rien à celles des modernes, si ce n'est la gamme d'*ut*. Tel pianiste qui jouerait en perfection toute la musique de Steibelt ou de Cramer, serait de prime abord en peine de jouer la moindre pièce de plain-chant, surtout dans les 3, 4, 7, 8e tons, etc.

GRADUEL DE LA MESSE DE SAINT MARCEL.

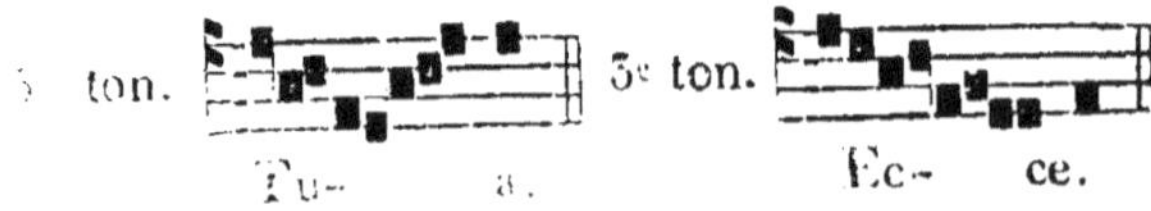

EXEMPLE SANS LIGNES PAR GUY L'ARÉTIN.

Les notes sont sur le texte.

a c♮ c de d c c♮-a ♮c a ag f g g.

Sit nomen Domini benedictum in secula.

EN NOTES MODERNES.

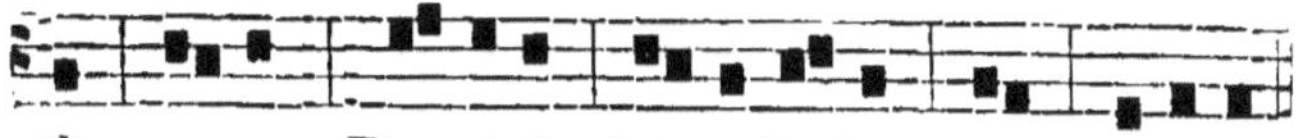

Sit nomen Do-mini be-nedic-tum in secula.

EXEMPLE A HUIT LIGNES DU MÊME AUTEUR.

Les lettres qui sont au commencement désignent les notes et servent de clés.

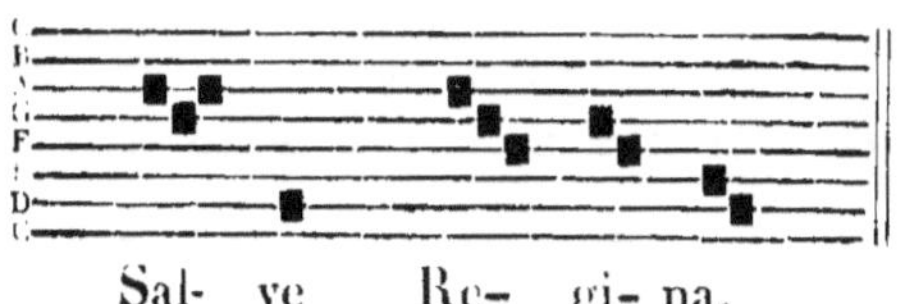

Sal- ve Re- gi- na.

EN NOTES MODERNES.

Sal-ve Re- gi-na.

Les modernes ont conservé les trois lettres F, C, G, placées de quinte en quinte en montant, sous cette forme :

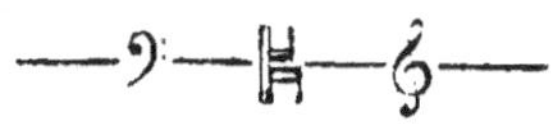

L'usage de noter la musique sur des lignes parallèles n'était pas reçu généralement; car depuis le XIe siècle jusqu'au XIVe, les uns se servaient de deux, les autres de trois, de quatre, de cinq lignes, et quelquefois n'en faisaient pas usage.

EXEMPLE OU LES HUIT LIGNES SONT REDUITES A QUATRE, PAR LE MÊME AUTEUR.

Les notes sont placées sur les lignes et dans les interlignes. Il donna à ces points ou notes le nom de *ut*, *re*, *mi*, *fa*, *sol*, *la*, syllabes prises de la première strophe de l'hymne de saint Jean-Baptiste, attribuée à Paul diacre, ou à Alcuin, précepteur de Charlemagne, en 802.

HYMNE EXTRAITE DU CHAPITRE DE SENS.

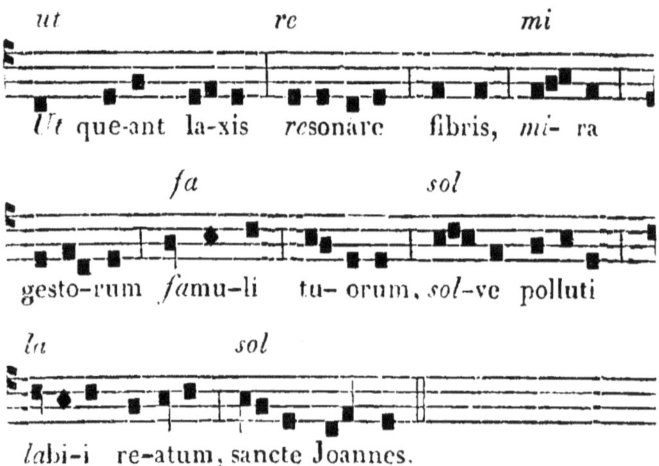

Observez que ces six notes ont le son qui leur est assigné selon l'ordre de la gamme.

AUTRES MANIÈRES DE NOTER.

1° *Clé de* Fa.

F — C D F D E D D | D D C D E E

Ut que- ant la- xis *re*- sona- re fibris

F — E F G E D E C D | F G A G F

mi- ra ges- to- rum *Fa*mu- li tu-

F — D D | G A G E F G D | A G A

o- rum *sol*- ve pol-lu- ti *la*-bi- i

F — F G A | G F D C E D ||

re- a- tum, sanc-te Jo- annes.

2°

Exemple où la première ligne marquée en rouge ou jaune désignait le *fa*, et la troisième ligne marquée en vert désignait l'*ut*. Les deux autres lignes étaient marquées par des lettres.

Quand le chant descendait, les lignes rouges ou vertes montaient, comme dans l'exemple suivant, et les deux lettres descendaient.

MESSE DES CINQ PLAIES.

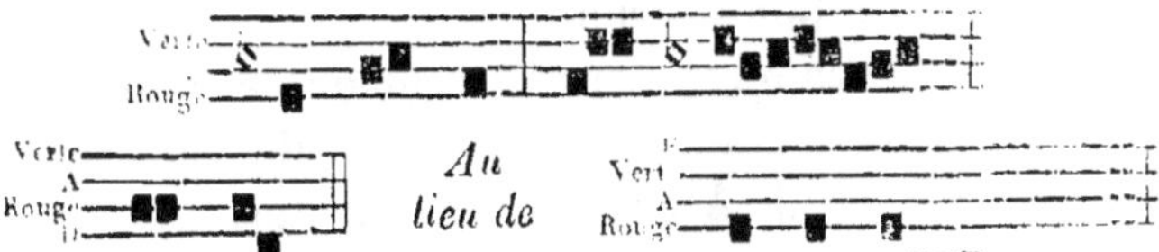

Alors on ne se servait pas de lignes additionnelles; il fallait que le chant fût compris dans les quatre lignes.

Guy d'Arrezzo fit compter par exacordes les six cordes ou notes.

Il y a trois sortes d'exacordes; le *dur*, le *naturel* et le *mol*.

EXACORDE DUR.

Sol, la, si ♮, ut, re, mi.
Ut, re, mi, fa, sol, la.

La troisième note *si*, était remplacée par le ♮ et se nommait *mi*, ce qui lui faisait donner le nom de *dur*.

EXACORDE NATUREL.

Ut, re, mi, fa, sol la.

EXACORDE MOL.

Fa, sol, la, si ♭, ut, re.
Ut, re, mi, fa, sol, la.

On mettait un bémol à la quatrième note pour la rendre plus agréable; elle se nommait *fa*, ce qui lui faisait donner le nom de mol.

Il résulte de tout ceci que si la note *si* était naturelle, on chantait par ♮ ou par nature, et par bémol si elle était marquée par ♭.

Quelques auteurs ont aussi donné à chaque note le nom de voix, son, degré, accord, harmonie. Les anciens appelaient accord, harmonie, le parfait ensemble des voix avec l'exécution instrumentale.

Guy d'Arrezzo n'est point l'inventeur des notes; il n'a fait que changer le nom et la forme de celles qui existaient avant lui. Avant Guy, la notation musicale s'écrivait sur des lignes, mais non dans les interlignes. Ce fut lui qui fixa le nombre des lignes à quatre. Il plaça les notes sur les lignes et dans les interlignes; il inventa les deux clés d'*ut* et de *fa* dont on se sert encore de nos jours.

ODE D'HORACE ÉCRITE A LA MODERNE.

Chant que l'on dit être un air grec sur lequel Horace adapta dans le premier siècle plusieurs de ses odes; on l'a choisi pour chanter l'hymne ci-après.

Mouvement marqué.

Du temps de Guy et long-temps après, on nommait le *si* naturel, *mi;* il était désigné par ce signe ♮ ou *h*.

Le *si* bémol était désigné par B ou b et se nommait *fa* ou *za*. Cette note *si* n'a été inventée qu'au XVIIe siècle par Lemaire

On était obligé à la rencontre de *si, ut,* de prévenir une ou plusieurs notes d'avance ce demi-ton, afin de l'éviter par un changement de nom de note, ce que l'on appelait nuance.

Au lieu de dire comme nous faisons aujourd'hui :

Ut, re, mi, fa, sol, la, si ♮. ut ;
on disait : Ut, re, mi, fa, ut, re, mi, fa.

ou Ut, re, mi, fa, sol, la, si ♮, ut ;
on disait : Ut, re, mi, fa, sol, mi, fa, sol,
ou re.

Enfin, toutes les fois que l'on voulait faire un demi-ton, on disait toujours *mi*, *fa*, en montant, ou *fa*, *mi*, en descendant.

Comme l'on nommait le *si* bémol *fa* ou *za*, dans le graduel, au IVe dimanche après la Pentecôte, qui commence par les mots *Heu mihi*, *etc.*, on disait :

Le bémol qui se rencontre quelquefois sur le *mi* se nommait aussi *fa*, de sorte que le *fa* avait un triple emploi, ce qui était fort embrouillant.

...

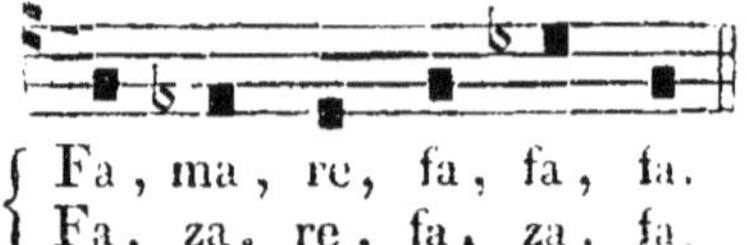

Dans l'exemple suivant, on faisait le *mi* bémol, quoiqu'il ne fût pas écrit, afin d'éviter la progression de quarte majeure qu'il y a du *si* bémol au *mi* naturel.

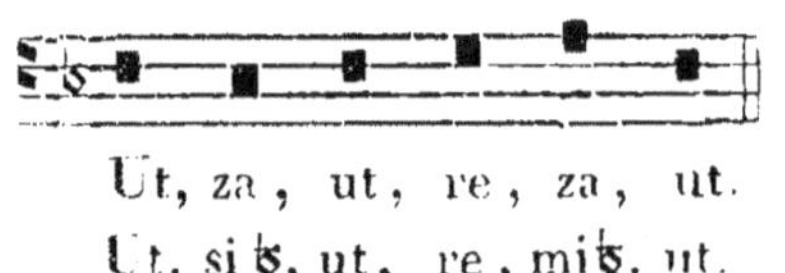

DU PLAIN-CHANT MODERNE

Partie Élémentaire

DES LIGNES

Il y a quatre lignes.

Ces quatre lignes réunies se nomment portée. On peut en ajouter une dessus ou dessous. Elles ont été inventées dans le XIe siècle par Guy l'Arétin, moine Bénédictin.

DES CLÉS, INVENTÉES PAR GUY.

Il y a deux sortes de clés, la clé d'*ut* et la clé de *fa*. La clé d'*ut* se pose sur la première, deuxième, troisième et quatrième lignes.

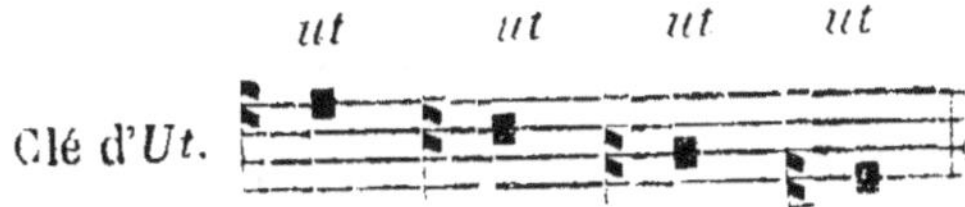

Les notes qui sont placées sur la ligne de la clé en prennent le nom. Les clés ne se mettent jamais dans les interlignes.

La clé de *fa* se pose sur la première, deuxième, troisième et quatrième lignes.

Toutes ces clés sont pratiquées dans le chant romain, même dans le cours d'un morceau de chant ; ce qui n'a pas lieu dans le chant parisien ; si ce n'est dans des cas très-rares, comme on le verra plus loin.

Il y a plusieurs de ces clés qui ne sont pas usitées.

RAPPORT DES CLÉS.

1° La clé de sol, quatrième ligne, correspond à la clé d'*ut*, deuxième ligne.

2° La clé de *fa*, quatrième ligne, correspond à la clé de *sol*, première ligne.

3° La clé de *fa*, deuxième ligne, correspond à la clé d'*ut*, quatrième ligne.

4° La clé de *fa*, première ligne, correspond a la clé d'*ut*, troisième ligne.

Les clés les plus en usage sont : la clé d'*ut* sur la quatrième ligne ; la clé d'*ut* sur la troisième ligne, et la clé de *fa* sur la troisième ligne.

En cas de transposition on peut changer les clés comme ci-après.

DE LA CONNAISSANCE DES NOTES ET DE LEUR ÉTENDUE SUR TOUTES LES CLÉS.

L'étendue naturelle des notes doit être circonscrite dans les quatre lignes et interlignes, dites portée, c'est-à-dire depuis la note au-dessous de la première ligne jusqu'à celle au-dessus de la quatrième, ce qui fait neuf degrés, ou par extension, en ajoutant une ligne dans l'aigu ou dans le grave, ce qui donne treize degrés. Cela suffit pour l'étendue des voix : en ajouter davantage, c'est s'exposer à faire crier dans l'aigu, ou à n'être pas entendu dans le grave.

9 Degrés.

Ut, re, mi, fa, sol, la, si, ut, re.

Extention 13 dégrés.

La, si, ut, re, mi, fa, sol, la, si, ut, re, mi, fa.

CLÉS D'*UT*.

4ᵉ *ligne*.

La, si, ut, re, mi, fa, sol, la, si, ut, re, mi, fa.

3ᵉ *ligne*.

Ut, re, mi, fa, sol, la, si, ut, re, mi, fa, sol, la.

2ᵉ *ligne*.

Mi, fa, sol, la, si, ut, re, mi, fa, sol, la, si, ut.

1ʳᵉ *ligne*.

Sol, la, si, ut, re, mi, fa, sol, la, si, ut, re, mi.

CLÉS DE *FA*.

4e ligne.

Re, mi, fa, sol, la, si, ut, re, mi, fa, sol, la, si.

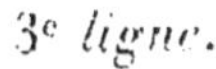

3e ligne.

Fa, sol, la, si, ut, re, mi, fa, sol, la, si, ut, re.

2e ligne.

La, si, ut, re, mi, fa, sol, la, si, ut, re, mi, fa.

1re ligne.

Ut, re, mi, fa, sol, la, si, ut, re, mi, fa, soi, la.

Dans le chant romain on ne se sert pas de lignes ajoutées, ce qui force souvent à changer de clé si le chant a un peu d'étendue.

DES NOTES.

Il y a sept notes, qui sont, ut, re, mi, fa, sol, la, si, que l'on répète au besoin à l'octave, soit au-dessus ou au-dessous et dans le même ordre, car il y a peu de voix qui n'aient dix ou douze notes d'étendue et même plus.

Ces sept syllabes avec la réplique de la première, forment ce que nous appelons *gamme*.

Cette gamme est composée de cinq tons naturels et de deux demi-tons également naturels.

EXEMPLE.

ut, re, mi, fa, sol, la, si, ut.

un ton, un ton, un 1/2 ton, un ton, un ton, un ton, un 1/2 ton.

Les modernes on pris pour base de leur système cette gamme, *ut, re, mi, fa, sol, la, si, ut*, comme étant plus harmonieuse que l'ancienne, *la, si, ut, re, mi, fa, sol, la,* ou *re, mi, fa, sol, la, si, ut, re,* bien qu'elle soit plus défectueuse, étant dans deux modes différens. L'intervalle de *fa* à *si* est très-dur à entonner.

La gamme *ut, re, mi, fa, sol, la, si*♭, *ut,* est plus harmonieuse que celle d'*ut, re, mi, fa, sol, la, si*♮, *ut,* surtout en plain-chant. Voyez les deux passages suivans et jugez.

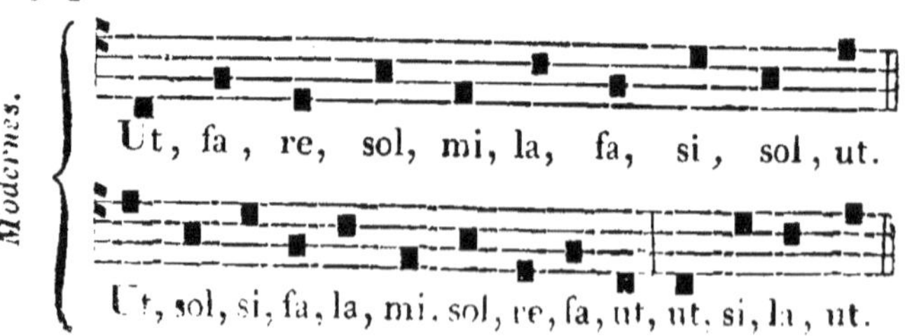

Anciens.

GAMME D'UT.

---

(1) Que dire de cette gamme mineure ?

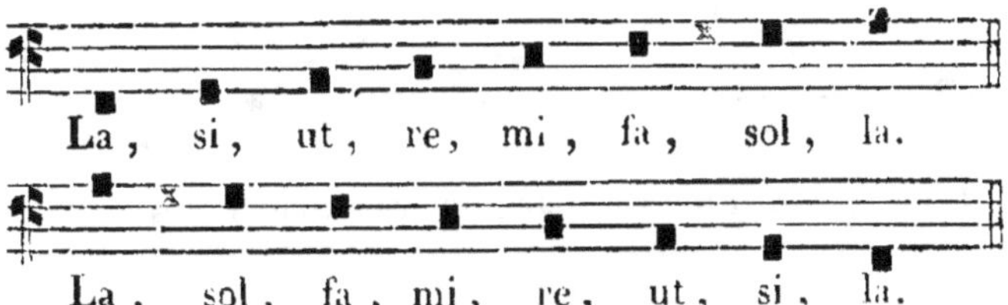

Nos pauvres plainchanistes crieraient à l'anathème.
Les modernes font quelquefois en descendant celle des Grecs.

Ces derniers étaient plus simples, ils faisaient cette gamme en montant et en descendant de la même manière, c'est-à-dire toutes notes naturelles, de même dans toutes les autres, excepté le *si*, qui était tantôt bémol ou béquarre. Laissons à la musique ses intonations quelquefois dures, et gardons pour nous la simplicité et la facilité. Le plain-chant, quoiqu'avec ses notes naturelles, est plus riche en gamme ou mode que la musique.

La clé étant ainsi posée sur la quatrième ligne, l'élève dira *ut* sous la première ligne ; *re* sur la première ligne, *mi* dans l'interligne ; *fa* sur la deuxième ligne ; *sol* dans l'interligne ; *la* sur la troisième ligne ; *si* dans l'interligne ; *ut* sur la quatrième ligne ; *re* dans l'interligne ; *mi* sur la ligne ajoutée, et *fa* au-dessus. — *Si* sur la ligne ajoutée au grave, et *la* au-dessous.

Quand l'élève concevra cet exemple, on lui tracera au hasard quelques points ou notes, et on lui fera écrire le nom des notes.

EXEMPLE.

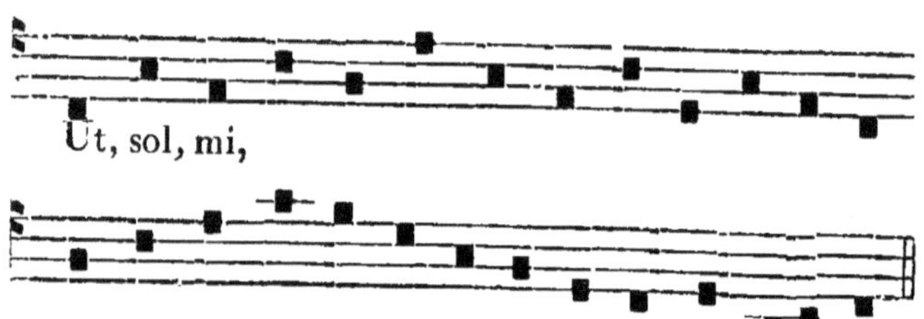

L'élève continuera à marquer les autres notes.

AUTRE MANIÈRE.

L'élève peut figurer ces lignes par les quatre doigts de la main gauche, et faire la même opération que ci-dessus. Il dira *ut* sous le petit doigt, *re* sur le petit doigt figurant la première ligne, etc. ; par ce moyen l'élève, soit à la promenade ou ailleurs, pourra, en très-peu de temps connaître ses notes et même les chanter. Ce procédé, quoiqu'enfantin, peut être très-utile.

Lorsque l'élève aura la connaissance parfaite de ses notes, le maître peut lui faire chanter les gammes (*Voy*. pag.38) Il suffit de donner à chaque note la valeur de deux temps égaux, en faisant un frappé et un levé de la main, comme :

2e temps, levez la main.

1er temps, frappez ou baissez la main.

Si la personne a de l'intelligence, on peut lui faire donner trois mouvemens à chaque note, comme :

3e temps, en levant la main.

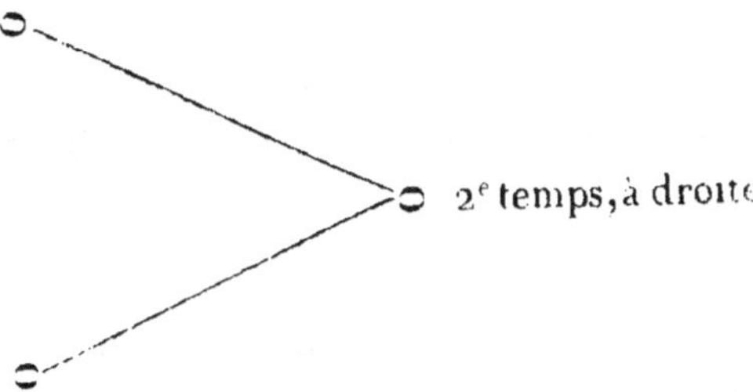

1er temps, frappez ou baissez la main.

DE LA VALEUR DES NOTES.

Les anciens ne se servaient pour notes que de points égaux, soit pour les syllabes longues ou brèves.

Au XVIIIe siècle, l'on inventa trois sortes de notes, la longue ■, la quarrée ■, et la brève ◆.

La longue vaut deux notes quarrées;

La quarrée deux notes brèves.

Ces trois notes se sont conservées dans le chant de l'Eglise catholique; on peut les appeler le sacré ternaire, symbole de la Trinité.

Il y a trois autres sortes de notes; la maxime ■ qui vaut deux longues, mais elle n'est point d'usage; la romboïde ◆, et la plique ■

La romboïde vaut un peu plus que la brève; la plique équivaut à la longue; ces deux dernières notes se rencontrent peu aussi.

Aujourd'hui on ne met la longue que devant la brève pour avertir que l'on doit rester un peu plus afin de mieux faire sentir la brève.

En 1338, Jean de Muris inventa des notes de différentes valeurs, comme la maxime, la longue, la brève, la semi-brève, la minime, etc. ■ ■ ■ ◆ ♩

Dans beaucoup de pièces de chant, comme Graduels, répons, etc. la note longue et la quarrée sont mises indistinctement et ont la même valeur.

Pour bien exécuter le plain-chant, il faut qu'à chaque note on fasse un frappé et un levé bien égaux; ce qui équivaut à une mesure binaire. On donnera à la brève un quart de temps pris sur la note quarrée, surtout en psalmodie. Un chant bien battu vaudra mieux qu'un chant lâche et monotone.

Il y a des églises où l'on observe les longues et les

brèves dans le plain-chant, et d'autres qui font toute note quarrée, même à Paris; les longues et les brèves valent mieux, à mon sens.

Dans le Romain on fait beaucoup de notes brèves de suite, aussi le chant est moins lourd que celui de Paris et autres.

Quand on rencontre deux notes quarrées qui se touchent, on en fait la valeur double; cela arrive souvent dans les dernières strophes des Proses.

Lorsqu'il y a deux brèves de suite, on fait la première un peu plus longue que la seconde.

Avant le XVIIe siècle on chargeait de notes les syllabes brèves.

En 1250, à Amiens on disait :

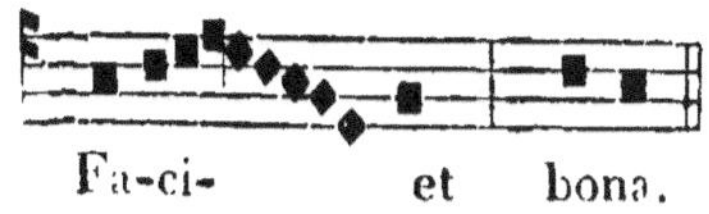

On dit encore à Paris les passages suivans :

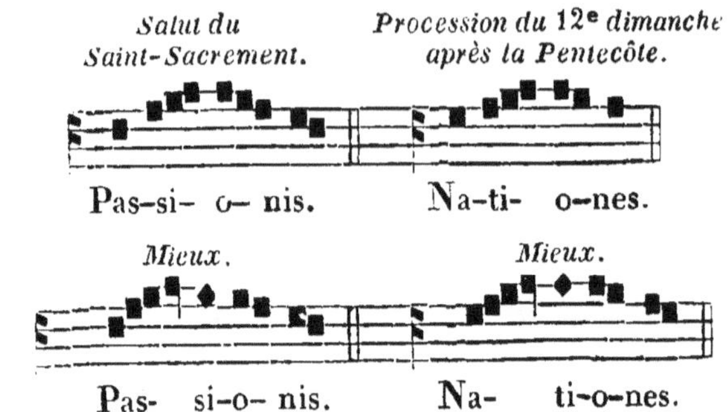

Dans l'Hymne *Forti tegente*, au temps de Pâques.

Voyez la lettre *o* chargée de vingt-huit notes dans le ℟. des premières Vêpres de la sainte Trinité, composé dans le XIe siècle.

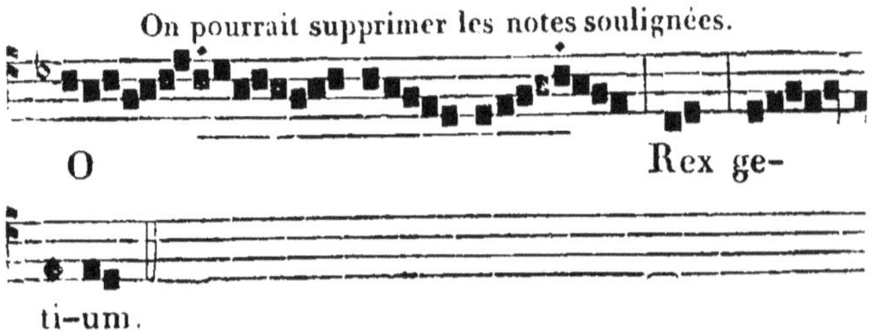

M. l'abbé le Bœuf dit qu'il y en avait davantage autrefois.

Il y a 46 notes sur le mot *Kyrie* des dimanches de l'Avent.

Dans l'hymne *Verbum* de la Fête-Dieu, le dernier vers de chaque strophe cadre mal avec le chant.

Je ne citerai que le dernier vers, *In sempiterna secula*, on fait une longue et même un repos sur la seconde syllabe de *sempiterna* qui est brève.

Meilleur.

* On pourrait supprimer les deux dernières notes.

In sempi-terna se- cula.
Se tra- didit dis- ci- pu-lis.

AUTRE DANS L'HYMNE DE SAINT PIERRE.

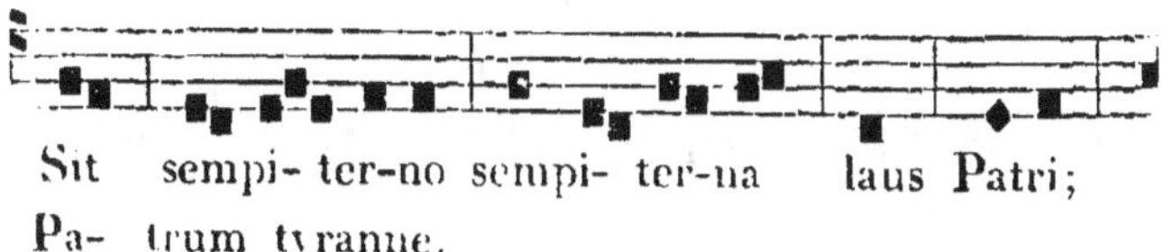

DANS LE CINQUIÈME TON.

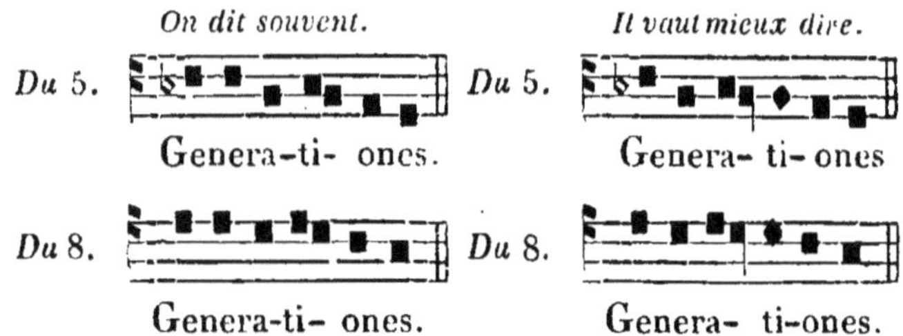

Le ton étant bien établi, on pourrait transporter la liaison comme ci-après.

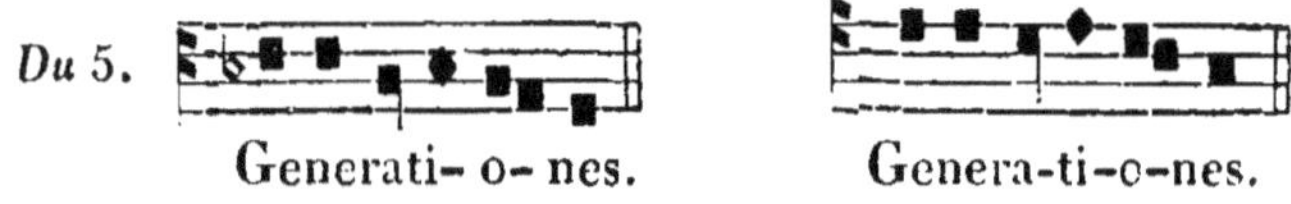

Il faut observer un petit silence après *Patri*, et ne pas dire *Patri et Filio*.

Dans la psalmodie la brève est censée compter pour rien, ou bien pour un quart de temps pris sur la longue ou note quarrée.

A deux temps un peu bref.

C'est comme s'il y avait :

Mais dans le plain-chant ordinaire la note quarrée, à queue ou non, devant une brève, augmente sa valeur de moitié.

La mesure a deux temps un peu brève.

Il y a quelques diocèses qui font comme dans la psalmodie.

Dans beaucoup de livres, surtout dans les proses à mesures ternaires, on trouve la note à queue, au lieu de la note quarrée, suivie d'une brève, et dans d'autres, une note quarrée suivie aussi d'une brève.

Les gens peu exercés préfèrent la première manière.

Dans la mesure à trois temps la longue vaut deux notes quarrées, et le point une. La brève placée après la note à queue est réputée note quarrée. La quarrée vaut deux brèves.

La manière de noter le plain-chant est très-imparfaite.

PROSE DE NOEL. CHANT ÉCRIT.

Mauvais. *Bon.*

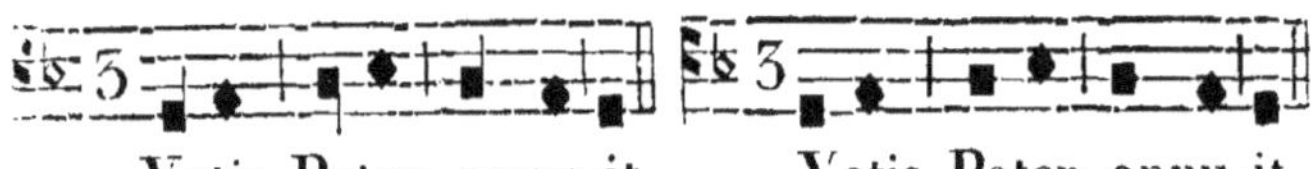

Votis Pater annu-it. Votis Pater annu-it.

La longue vaut deux temps et la brève un temps. La note quarrée vaut deux temps et la brève un temps.

Comme l'on voit, la note à queue est mise pour la note quarrée. Il vaudrait mieux écrire comme il suit, c'est-à-dire une note quarrée après celle à queue, et une note brève après la quarrée.

EXEMPLE.

Bon. *Bon.*

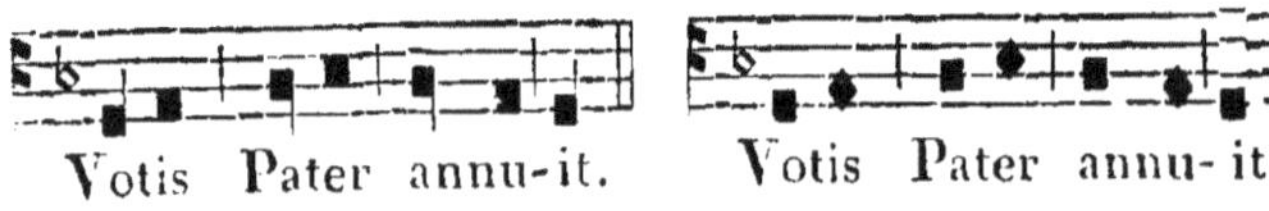

Votis Pater annu-it. Votis Pater annu- it.

MÊME PROSE. CHANT ÉCRIT.

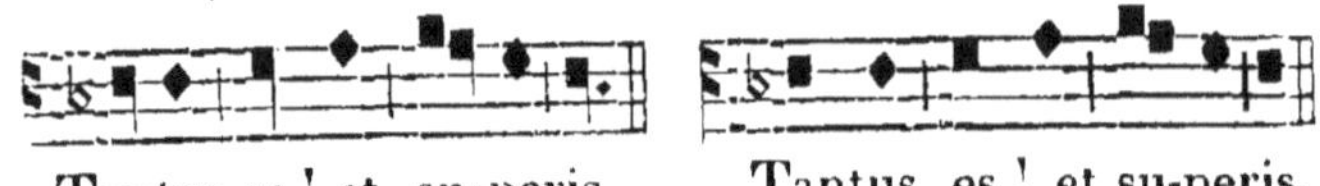

Tantus es ! et su-peris. Tantus es ! et su-peris.

Il vaudrait mieux écrire, dans le premier exemple, trois notes quarrées au mot *superis* et trois brèves au même mot dans le second exemple.

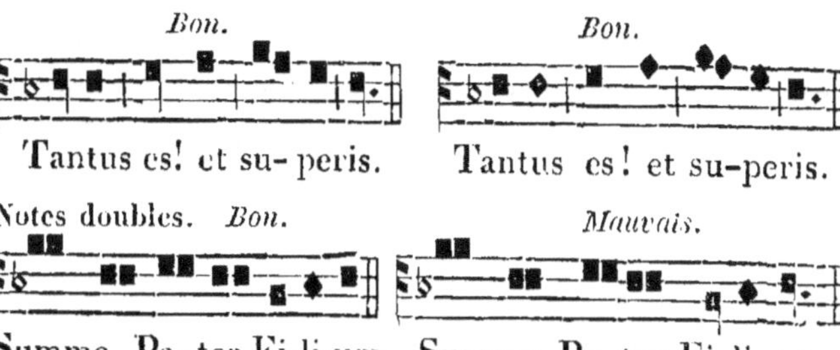

Dans la Prose de l'Ascension, on a changé le rythme de quelques strophes, ce qui fait qu'il n'y a point de régularité pour la mesure.

CHANT ÉCRIT.

Il vaudrait mieux chanter ainsi; le passage serait plus doux :

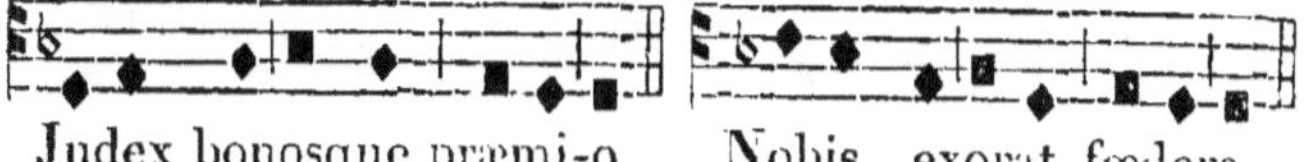

Je crois que le chant n'a point été fait pour les paroles (*et vice versâ.*)

On rencontre souvent dans le plain-chant non mesuré un point après une note; ce point signifie une ponctuation plus ou moins parfaite. Il indique de faire un repos; pourtant on n'y a point égard dans le chant, au lieu que dans les chants mesurés le point vaut moitié de la note qui le précède, surtout dans les mesures ternaires.

Dans l'hymne de saint Jean, et autres qui sont du

genre binaire, quoiqu'il n'y ait pas de point écrit, il faut le supposer; alors la note quarrée, soit à queue ou sans queue, augmente la moitié de sa valeur devant une brève.

CHANT ÉCRIT.

PLAIN-CHANT ÉCRIT.

Le commencement du chant plus marqué.

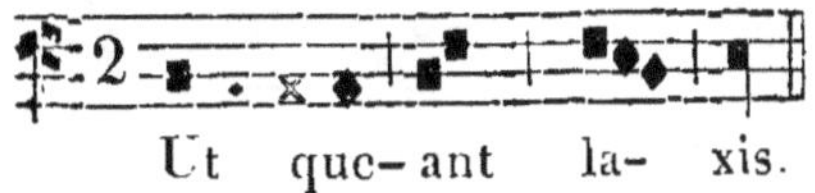

Ut que- ant la- xis.

Dans les finales on prolonge l'avant-dernière note, marquée ordinairement par une note à queue.

Si les Hymnes susceptibles d'être mesurées (elles le sont de fait comme poésie) étaient bien écrites, on les exécuterait avec fermeté, et non point en tâtonnant, comme du plain-chant ordinaire, ce qui fait perdre de leur beauté.

DES SIGNES ALTERATIFS.

Il y a trois signes altératifs; le bémol (♭), le dièze (♯), et le béquarre (♮).

Il n'y a guère que deux bémols pratiqués dans le plain-chant, le *si* et le *mi* bémols.

Le si ♭ peut se mettre à la clé, ou dans le cours d'une pièce de chant; le mi ♭ ne se met jamais à la clé, il n'est qu'accidentel.

Le *bémol* sert à baisser le son de la note d'un demi-ton mineur; le *dièze* sert à hausser le son de la note d'un demi-ton mineur.

Le *béquarre* sert à remettre le son de la note dans son ton naturel.

Ce dernier se marque aussi sans être précédé des deux signes ci-dessus quand on suppose que l'intervalle est douteux.

Si la note qui doit être altérée est liée à d'autres notes on met l'altération devant la première note de la liaison.

On rencontre ce dernier passage dans la messe de Dumont ; c'est de mauvais goût.

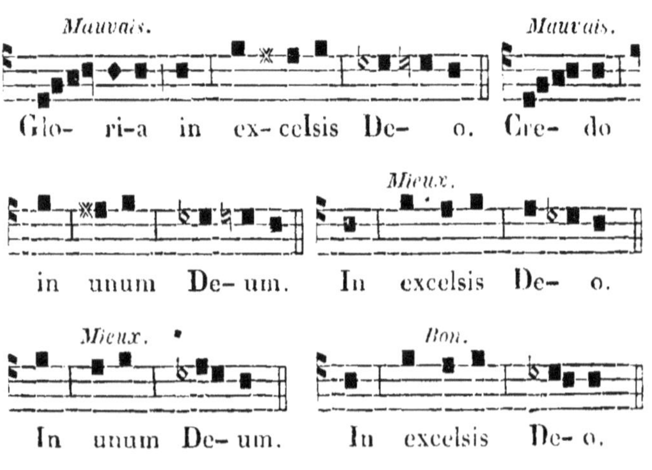

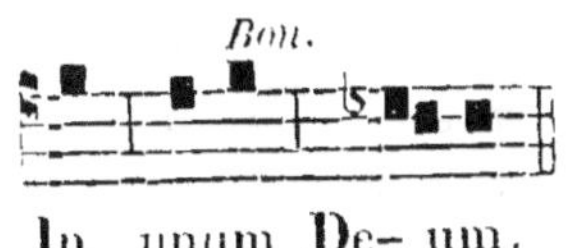

Dans beaucoup d'endroits, quoique le dieze ne soit pas écrit, on peut faire dans les intonations, repos, finales, et surtout précédé du si naturel, le fa dièze, si la note monte ensuite au sol dans les 7e et 8e tons ; et ut dièze dans les 1er et 2e tons si la note monte au re.

Dans tout ceci on consultera son goût et l'usage des lieux.

Dans l'Alleluia de la messe des Rogations, il

deux quartes majeures qui donnent une intonation dure; il faut y faire attention, si on ne veut pas être surpris. Ces sortes de passages sont rares.

Dans plusieurs livres le béquarre est écrit, dans d'autres il n'y est pas.

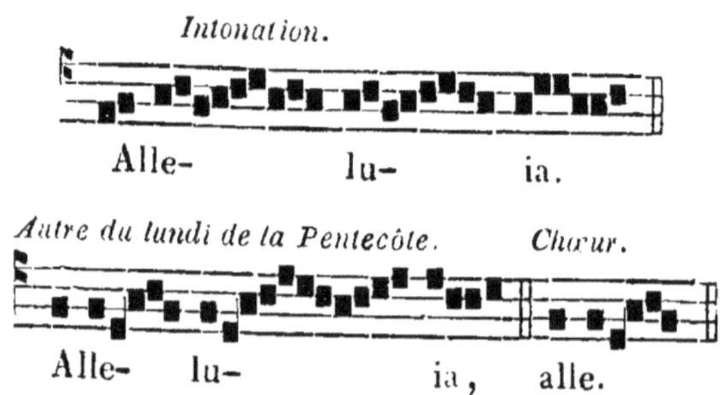

Dans beaucoup de cas l'oreille doit décider; car il y a souvent des intervalles qui sont durs, surtout si l'on a oublié l'altération, ce qui arrivait souvent dans les anciens livres romains et autres, où l'on trouve surtout dans le deuxième ton rarement le bémol et le béquarre et jamais le dièze. Ce n'est qu'aux XVIe et XVIIe siècles que l'on s'est permis ces altérations.

Le si précédé du fa, ou d'un re, (*et vice versâ*,) doit être bemolé.

EXEMPLE.

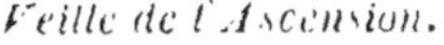

En supprimant le bémol, tous ces exemples seraient durs.

Il faut éviter la sixte majeure et la septième majeure, à moins que ces intervalles ne soient amenés par d'autres un peu moins grands.

Voyez différens exemples tirés des livres de plain-chant, quoique souvent baroques.

Dans la prose *Dies iræ* en faux bourdon, dans les livres notés, la taille fait au second vers une tierce majeure qui annonce la note sensible du mode mineur de *ré*, tandis que la basse est en *la* mineur et passe dans le mode majeur d'*ut*. Cette tierce mineure fait un mauvais effet avec la basse; il faut nécessairement *ut* naturel au lieu d'*ut* dièze.

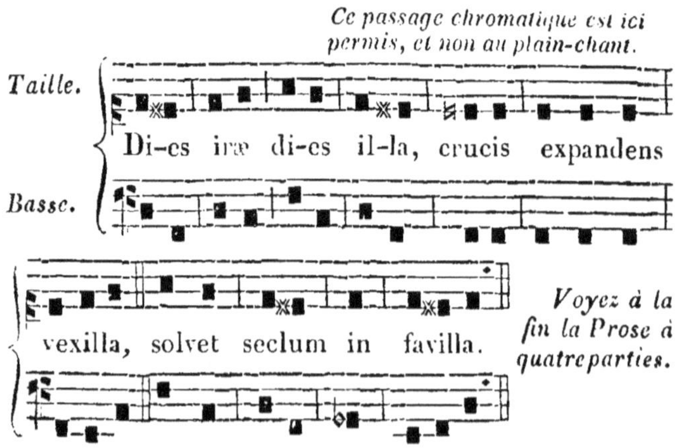

DES HUIT TONS OU MODES.

Ce mot ton a plusieurs acceptions.

1° On dit : d'ut à re, il y a un ton ; c'est le mot propre.

2° Prendre le ton ou saisir le son quand il s'agit de s'accorder.

3° Cet air est dans tel ton ou mode, c'est celui dont il s'agit ici. On confond souvent ces deux mots, ton ou mode, ainsi je me servirai indistinctement de l'une et de l'autre expression.

Il y a trois sortes de modes. Le mode majeur, le mode mineur direct, et le mode mineur indirect ou inverse.

Ces modes se reconnaissent par leurs finales et leurs tierces.

Si de la tonique à la tierce il y a deux tons, comme ut mi, fa la, le mode est majeur.

Si de la tonique à la tierce il y a un ton et demi, comme la ut, re fa, le mode est mineur direct.

Si de la tonique à la tierce il y a un demi-ton et ensuite un ton, comme *mi sol*, le mode est mineur indirect ou inverse.

La différence est que dans le précédent le demi-ton est entre les 2e et 3e degrés, et que dans celui-ci il est entre le 1er et le 2e.

Pour bien connaître le ton, il faut savoir :

1° *Quel est le chiffre et la lettre qui sont au commencement de la pièce* de chant.

Il y a des grandes et des petites lettres. Les grandes lettres A, B, C, D, E, F, G, désignent les finales complètes ; et les petites, a, b, c, d, e, f, g, les incomplètes. Ces dernières regardent la psalmodie ; mais la pièce n'en termine pas moins par une finale complète. Dans tout ce qui n'est point psalmodie, comme antienne, répons, on supprime souvent la lettre, et l'on ne garde que le chiffre.

2° *Quelle est la clé, sa position.*

3° *Quelle est la tonique ou note finale.*

4° *Quelle est la tierce.*

C'est elle qui détermine le ton en musique. La tierce de l'accord parfait se nomme médiante, et dans le plain-chant ce mot désigne un repos imparfait, ou la conclusion de la première partie d'un verset du psaume; car dans le deuxième et sixième tons la médiante et la dominante sont la même chose; ainsi donc dans le plain-chant il n'y a réellement point de médiante dans le sens musical.

5° *Quelle est sa dominante.*

Dans la musique, la dominante est toujours la quinte supérieure au-dessus de la tonique, au lieu qu'ici la dominante est tantôt tierce, quarte, quinte et sixte, elle désigne la note qui rebat ou se répète souvent : on l'appelle aussi *teneur*.

Dans les Antiphonaires, on ne trouve que la seconde partie du verset de la psalmodie. La première note en est toujours la dominante. Il n'y a que dans le premier ton irrégulier qui est le chant de l'*In exitu*, où il faut prendre la note au-dessus pour dominante, ainsi que dans le sixième ton, dit Royal. Il faut donc savoir par cœur l'intonation et la médiante.

6° *Quelle est son intonation.*

7° *Quelle est son étendue.*

Elle est ordinairement d'une octave. On peut faire une ou deux notes au-dessus ou au-dessous, sans perdre son caractère primitif, mais si elle excède de trois ou quatre notes en dessous comme dans le *Salve Regina* (qui est du 1er ton), aux mots *Et Jesum*, ce passage entre dans les cordes du plagal, ce qui le fait appeler mixte. De même dans le répons *Inebriabuntur*, qui est du 6e ton plagal, son étendue excède de quatre notes dans la partie supérieure, ce qui le fait appeler passage mixte, c'est-à-dire entrant dans les cordes du 5e ton, son authente.

8° *Si le ton est authente ou plagal.*

Les authentes, c'est-à-dire tons primitifs ou supérieurs, sont les nombres impairs, 1, 3, 5, 7, 9, 11.

Les plagaux, c'est-à-dire adjoints inférieurs, sont les nombres pairs, 2, 4, 6, 8, 10, 12. Ces derniers sont à la quarte au-dessous des authentes.

DES TONS.

DU 1er TON, DIT DORIEN.

1° Le 1er ton se marque du chiffre 1 et de la lettre D, ou par une petite lettre, selon la terminaison de la psalmodie.

2° Sa clé est celle d'*ut* quatrième ligne.

3° Sa tonique finale est *re*.

4° Sa tierce est *fa* qui indique le mode mineur.

5° Sa dominante est *la*.

6° Son intonation est *fa, sol, la, la*.

7° Son étendue est de *re* à *re*.

8° Il est du mode authente.

Ce ton s'indique aussi par la lettre A, mais alors on met un bémol à la clé, ce qui indique que l'on peut se servir de la clé d'*Ut* seconde ligne, et chanter en *La* naturel mineur. (*Voyez le* 9e *ton*.)

DU 2e TON OU HYPO-DORIEN.

1° Le 2e ton se marque par le chiffre 2 et la lettre D.
2° Sa clé est celle de *fa* 3e ligne.
3° Sa tonique ou finale est *re*.
4° Sa tierce est *fa*, ce qui annonce un mode mineur.
5° Sa dominante est aussi *fa*.
6° Son intonation est *ut*, *re*, *fa*.
7° Son étendue est de *la* à *la*.
8° Il est du mode plagal.

On l'indique aussi par la lettre A. (*Voyez le* 10e *ton*).
Ce ton est irrégulier.

On pourrait le chanter à la clé de *fa* 3e ligne.

Intonation. *Intonation.*

2. D. Lauda-te. Lauda-te.

DU 3e TON. PHRYGIEN.

1° Le 3e ton se marque par le chiffre 3 et la lettre E si le ton est complet, et par une petite lettre s'il est incomplet.

2° Sa clé est celle d'*ut* 4e ligne.

3° Sa tonique ou finale est *mi*.

4° Sa tierce est *sol*, ce qui annonce un mode mineur inverse ou indirect.

5° Sa dominante est *ut*.

6° Son intonation est *sol*, *la*, *ut*, *ut*.

7° Son étendue est de *mi* à *mi*.

8° Il est du mode authente.

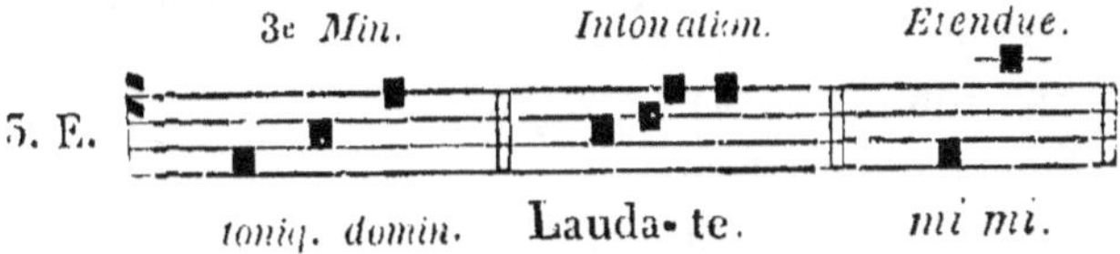

4e TON. HYPO-PHRYGIEN.

1° Le 4e ton se marque par le chiffre 4 et la lettre E si le ton est complet; et par une petite lettre s'il est incomplet.

2° Sa clé est celle d'*ut* 4e ligne.

3° Sa tonique ou finale est *mi*.

4° Sa tierce est *sol*, ce qui annonce un mode mineur inverse, comme le précédent.

5° Sa dominante est *la*.
6° Son intonation est *la, sol, la, la*.
7° Son étendue est de *si* à *si*.
8° Il est du mode plagal.

Ce ton se transpose à la quarte et à la quinte. (*Voyez ci-après.*)

5ᵉ TON. LYDIEN.

1° Le 5ᵉ ton se marque par le chiffre 5 et la lettre F si le ton est complet, et par une petite lettre s'il est incomplet.
2° Sa clé est celle d'*ut* 3ᵉ ligne.
3° Sa tonique ou finale est *fa*.
4° Sa tierce est *la*, ce qui annonce un mode majeur.
5° Sa dominante est *ut*.
6° Son intonation est *fa, la, ut*.
7° Son étendue est de *fa* à *fa*.
8° Il est du mode authente.

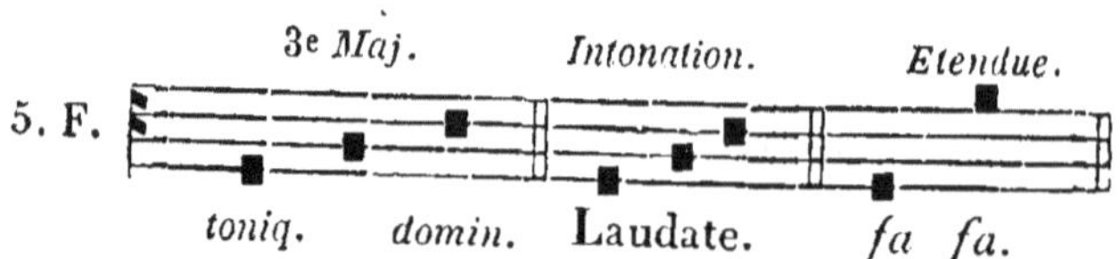

Ce ton s'indique aussi par la lettre C, alors on met un bémol à la clé. Dans ce cas on peut se servir de la clé d'*ut* première ligne; ce qui revient au même. (*Voyez le* 11ᵉ *ton.*)

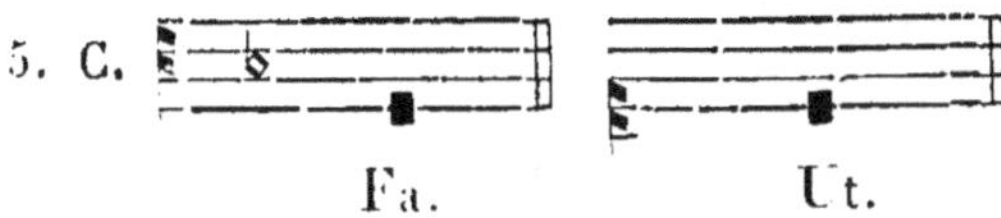

6e TON. HYPO-LYDIEN.

1° Le 6e ton se marque du chiffre 6 et de la lettre F.

2° Sa clé est celle d'*ut* 4e ligne.

3° Sa tonique ou finale est *fa;* elle ne varie pas.

4° Sa tierce est *la*, ce qui indique un mode majeur.

5° Sa dominante est *la*.

6° Son intonation est, comme celle du 1er ton, *fa, sol, la, la*.

7° Son étendue est d'*ut* à *ut*.

8° Il est du mode plagal.

Ce ton s'indique aussi par la lettre C; alors on met un bémol à la clé. Dans ce cas on peut se servir de la clé d'*ut* 2e ligne. (*Voyez le* 12e *ton*).

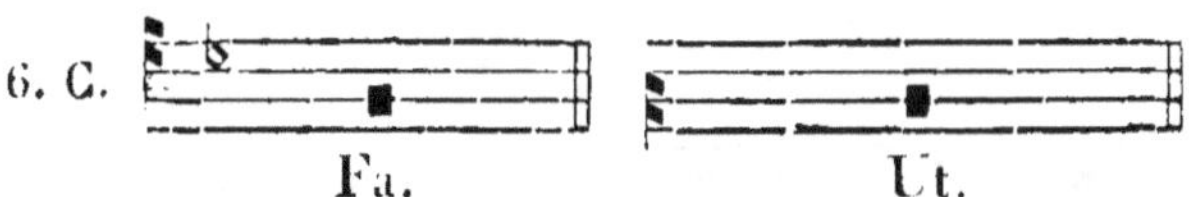

7e TON. MYXO-LYDIEN.

1° Le 7e ton se marque par le chiffre 7, et la lettre G si le ton est complet, et par une petite lettre s'il est incomplet.

2° Sa clé est celle d'*ut* 3e ligne.
3° Sa tonique ou finale est *sol*.
4° Sa tierce est *si*, ce qui annonce un mode majeur.
5° Sa dominante est *re*.
6° Son intonation est *ut, ut, re, re*.
7° Son étendue est de *sol* à *sol*.
8° Il est du mode authente.

8e TON. HYPO-MYXO-LYDIEN.

1° Le 8e ton se marque par le chiffre 8, et la lettre G si le ton est complet, et par une petite lettre s'il est incomplet.
2° Sa clé est celle d'*ut* 4e ligne.
3° Sa tonique ou finale est *sol*.
4° Sa tierce est *si*, ce qui annonce un mode majeur.
5° Sa dominante est *ut*.
6° Son intonation est *sol, la, ut*.
7° Son étendue est de *re* à *re*.
8° Il est du mode plagal.

Il ne faut pas confondre ce ton avec le premier. Dans celui-ci la tonique est *re*, et dans le 8e ton c'est le *sol*.

9e TON. EOLIEN.

1° Le 9e ton se marque par le chiffre 1 et la lettre A.

2° Sa clé est celle d'*ut* 2e ligne.

3° Sa tonique ou finale est *la*.

4° Sa tierce est *ut*, ce qui annonce un mode mineur.

5° Sa dominante est *mi*.

6° Son intonation est *ut*, *re*, *mi*, *mi*.

7° Son étendue est de *la* à *la*.

8° Il est du mode authente.

Au lieu de se servir de la clé d'*ut* 2e ligne on prend la clé d'*ut* 4e ligne, avec un bémol. (*Voyez le 1er ton*).

10e TON. HYPO-EOLIEN.

1° Le 10e ton se marque par le chiffre 2 et la lettre A.

2° Sa clé est celle d'*ut* 3e ligne.

3° Sa tonique ou finale est *la*.

4° Sa tierce est *ut*, ce qui annonce un mode mineur.

5 Sa dominante est *ut*.

6° Son intonation est *ut*, *si*, *ut*, *ut*.

7° Son étendue est de *mi* à *mi*.

8° Il est du mode plagal. (*Voyez le 2e ton*).

11e TON. IONIEN.

1° Le 11e ton se marque par le chiffre 5 et la lettre C.
2° Sa clé est celle d'*ut* première ligne.
3° Sa tonique ou finale est *ut*.
4° Sa tierce est *mi*, ce qui annonce un mode majeur.
5° Sa dominante est *sol*.
6° Son intonation est *ut*, *mi*, *sol*.
7° Son étendue est de *ut* à *ut*.
8° Il est du mode authente.

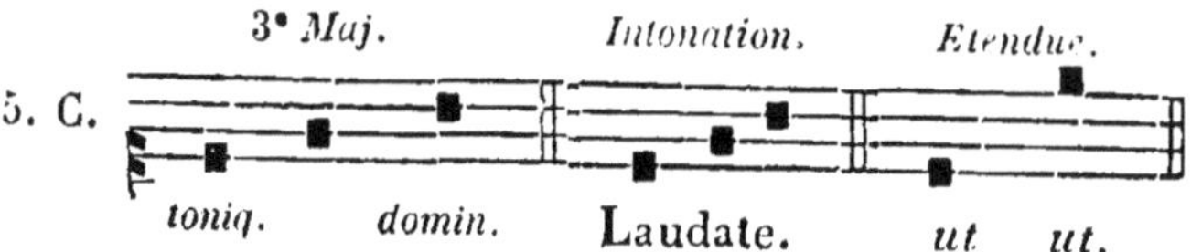

Au lieu de se servir de la clé d'*ut* première ligne, on prend la clé d'*ut* troisième ligne avec un bémol.

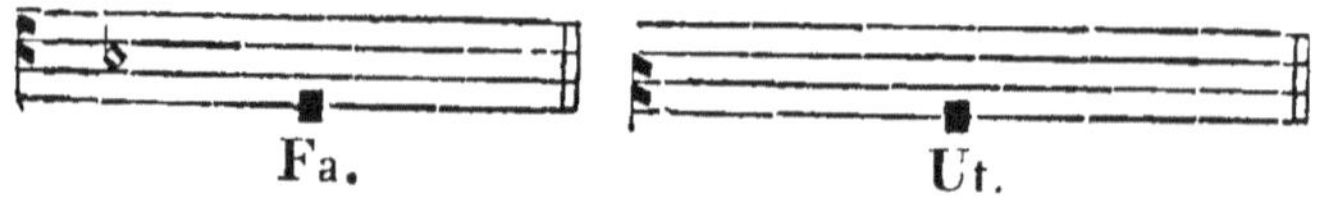

12e TON. HYPO-IONIEN.

1° Le 12e ton se marque par le chiffre 2 et la lettre C.
2° Sa clé est celle d'*ut* 2e ligne.
3° Sa tonique ou finale est *ut*.

4° Sa tierce est *mi*, ce qui annonce un mode majeur.
5° Sa dominante est *mi*.
6° Son intonation est *ut, re, mi, mi*.
7° Son étendue est de *sol* à *sol*.
8° Il est du mode plagal.

Au lieu de se servir de la clé d'*ut* 2e ligne on prend la clé d'*ut* 4e ligne avec un bémol.

Comme on le voit, ces quatre derniers tons sont transposés; le 9e du 1er, le 10e du 2e, le 11e du 5e et le 12e du 6e, ce qui réduit les 12 tons à 8.

NOTES ESSENTIELLES QUI ENTRENT LE PLUS DANS LE CHANT.

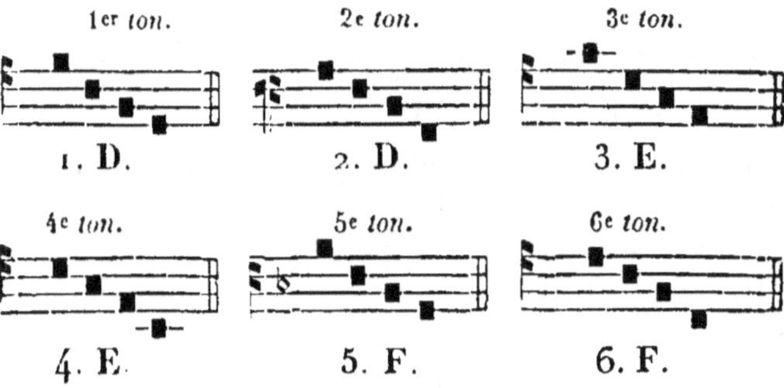

On peut y admettre les autres notes selon la longueur du morceau de chant, comme formant de petits repos, et servant à enchaîner les phrases.

Voici l'analyse d'une antienne de la Nativité de la sainte Vierge.

Il y a quatre dominantes, qui sont *fa*, *la*, *ut*, *re*. *Fa* dans le 2e ton.—*La* dans le 1er, 4e et 6e.—*Ut* dans le 3e 5e et 8e. —*Re* dans le 7e.

Le verset du psaume qui est dans l'introït roule sur une de ces quatre dominantes, comme dans la psalmodie, de même dans les alleluia et répons.

TABLEAU GÉNÉRAL DES CLÉS AVEC TRANSPOSITIONS ET CHANGEMENS DES TONIQUES ET DES DOMINANTES DANS CHAQUE TON.

Il ne faut pas confondre ce ton avec le 8e. Dans ce dernier la tierce est majeure et dans le 10e elle est mineure.

Les anciens faisaient beaucoup usage de changemens de clés, surtout dans le chant romain, afin d'éviter d'ajouter des lignes. Alors ils se servaient du guidon qui est une espèce de demi-note à queue, comme ┤, indiquant la note suivante. Il se met aussi à la fin de la portée avec la même intention, quoiqu'il n'y ait pas changement de clé. Les modernes se servent de cette dernière manière.

Dans le romain on trouve fréquemment l'antienne écrite avec la clé de *fa* 3e ligne, ce qui annonce le 2e ton; et le psaume noté sur la clé d'*ut* 4e ligne, ce qui annonce le 1er ton.

De même que l'antienne écrite avec la clé d'*ut* 3e ligne qui annonce le 7e ton, et le psaume noté sur la clé d'*ut* 4e ligne annonçant le 8e ton.

Dans le chant parisien, au 16e dimanche après la Pentecôte, on trouve le répons de la procession écrit du 2e ton avec la clé de *fa* 3e ligne, et le verset à la clé d'*ut* 4e ligne qui est du premier ton.

Ce répons est du genre mixte, c'est-à-dire mélangé du 1er et du 2e ton. (*Voyez les exemples transposés ou avec changemens de clés.*)

MOYEN DE METTRE LES DOMINANTES A L'UNISSON.

On prend un son quelconque au-dessus duquel on puisse former quatre ou cinq notes sans s'efforcer ou crier.

Supposé le 1er ton dont la dominante est *la*, à partir de cette note on monte jusqu'au *mi*.

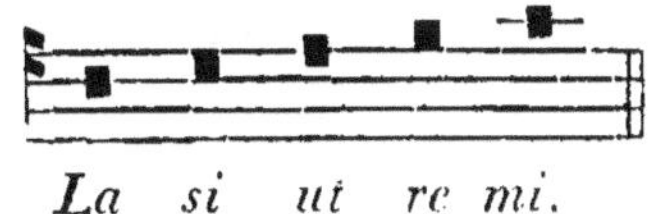

La si ut re mi.

Puis on cherche la première note de l'intonation qui est *fa*, en descendant de trois notes, comme :

La sol fa. Lauda- te.

Si on veut passer du 1er ton au 2e ton, dont la dominante est *fa*, on change *la* en celle de *fa* à l'unisson, et on descend de quatre notes pour trouver la première de l'intonation de ce dernier, comme,

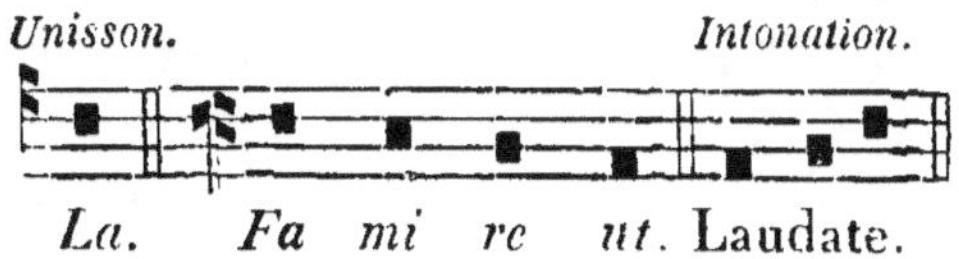

La. *Fa mi re ut.* Laudate.

Si on veut passer du 1er au 3e on met l'*ut* du 3e ton à l'unisson du *la* et l'on descend de quatre notes, comme :

La. *Ut si la sol.* Lauda-te.

On ne place jamais la dominante sur le *si;* c'est pourquoi dans le 3e ton on met la sixte au lieu de la quinte; et dans le 8e la quarte au lieu de la tierce.

On opérera de même pour les autres tons.

DE L'ABUS DES NOTES DOUBLES ET DES NOTES FINALES.

On doit blâmer la multiplicité des cadences finales que l'on rencontre souvent dans les ℣ ℣ des alleluia et des répons, tandis que le sens des paroles ne l'exige pas. Voyez l'exemple *Ecce vox de cœlis,* le *Veni sancte Spiritus*, etc. Les trois notes doublées sur *amoris* font un très-bel effet; mais mises çà et là et fréquemment dans le courant du chant, elles entravent sa marche et lui donnent de l'irrégularité.

Voyez l'*Hæc dies* du jour de Pâques, etc.

DE LA PSALMODIE.

Pour bien psalmodier, il y a cinq choses à observer; 1° l'intonation; 2° la dominante; 3° la médiation; 4° la médiante; 5° la terminaison.

1° L'intonation est celle qui se fait au commencement d'une pièce de chant ou d'un verset, et que le chœur continue.

Dans les psaumes, le premier verset, ou au moins la moitié, est entonnée par un choriste, et le chœur achève l'autre selon le ton convenable. Tous les autres versets commencent par la dominante, de même que les cantiques.

A l'approche de Noël, aux antiennes dites *O*, on chante tous les versets du *Magnificat* de même que l'intonation. Dans les fêtes annuelles on devrait faire de même, ainsi qu'aux *Benedictus* et *Nunc dimittis*, quoiqu'il y ait de l'orgue. En ce cas, il ne faut point faire de faux-bourdon; mais si l'on fait le faux-bourdon, on traite ces cantiques comme les psaumes ordinaires; on n'observe point les monosyllabes latins ni hébreux à la médiante, car l'harmonie serait suspendue. Le chant des cantiques varie dans les 2, 4, 6, 8 tons. Voyez ci-après aux modes.

2° La dominante est la note sur laquelle roulent en partie les mots : on l'appele aussi teneur ou tenue.

3° La médiation est une note sur laquelle on appuie avant d'arriver à la médiante, qui est la moitié du verset, à laquelle on fait une petite pause. Cette médiation est la plus importante et la plus difficile à saisir. Il est presqu'impossible de donner des règles générales, parce que chaque diocèse a ses usages. En voici pourtant quelques-unes.

4° La médiante est celle qui termine la première partie du verset, sur laquelle il faut faire un petit repos.

La médiante est aussi la tierce de la tonique dans les tons authentes seulement.

5° La terminaison est celle qui annonce la finale. Il y a aussi quelques variantes à faire et difficiles à saisir.

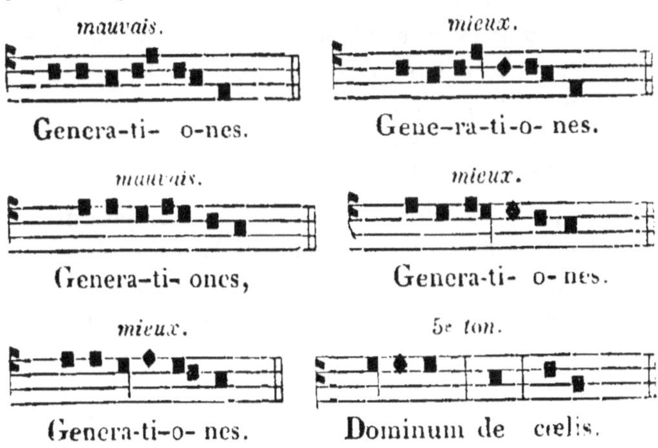

CONSEILS POUR MM. LES CHANTRES.

1° Ne pas commencer un verset que l'autre ne soit fini.

2° Pendant que l'un chante un verset de la psalmodie, l'autre doit examiner la médiation et la finale du ℣ suivant, s'il ne veut pas être surpris, car il y a des versets très-difficiles à dire.

3° Ne point précipiter la psalmodie, même les jours de féries. On peut débiter très-vite, sans avoir l'air de courir la poste ; les jours solennels, chanter plus gravement mais sans lenteur ; il faut de la majesté.

Il serait à désirer que les chantres sussent leurs psaumes par cœur ; qu'ils se rassemblassent de temps

(1) On peut baisser d'une tierce la dernière syllabe, *rum*.

en temps pour chanter et convenir de tout ce qui concerne le chant, surtout la psalmodie, relativement à la quantité, car c'est la partie la plus épineuse. Il y a peu de bons psalmodistes.

4° Si le verset est long, il faut faire une respiration aux virgules, mais moins longue qu'à la médiante; surtout ne point séparer les mots, *nomine tuo, semen tuum, Domino meo, sapientia tua, obliti sunt*, etc.

Il faut dans les mots suivans, faire un petit repos après *Domini* (repos) *est terra;* de même après *sede* (repos) *à dextris meis;* et non pas *Domini est* (repos) *terra, sede à* (repos) *dextris meis.*

Il ne faut point enjamber sur la syllabe d'un autre mot ou phrase, puis faire un repos, comme *fiat voluntas* (repos) *tua, sicut in* (repos) *cœlo et in terra*, ou *facta in verita* (repos) *te tua;* c'est ce qu'on appelle vulgairement points de savetier. Cela provient de ce que l'on ne respire pas à propos.

Dans *mea aperies*, séparer un peu ces deux mots afin que l'on entende légèrement les deux a.

Il n'en est pas de même dans *Aaron*, il suffit de rester un peu sur le premier, comme s'il n'y en avait qu'un.

5° De ne point faire de grimaces, ni chanter à gorge deployée, ce qui est cause que ne pouvant soutenir le ton que l'on a commencé, l'on est forcé de baisser.

6° De ne point chanter la psalmodie trop bas, car alors quelques personnes étant obligées de chanter à l'octave forcent les chantres à baisser encore.

7° Lorsqu'il y a un repos à observer, de ne point partir seul en voulant faire paraître sa voix avec éclat et en ne donnant point le temps de respirer à son voisin. Il est aussi ridicule de finir après les autres, ce qu'on appelle en terme de chantres, faire des queues.

8 De ne point hacher, saccader les notes.

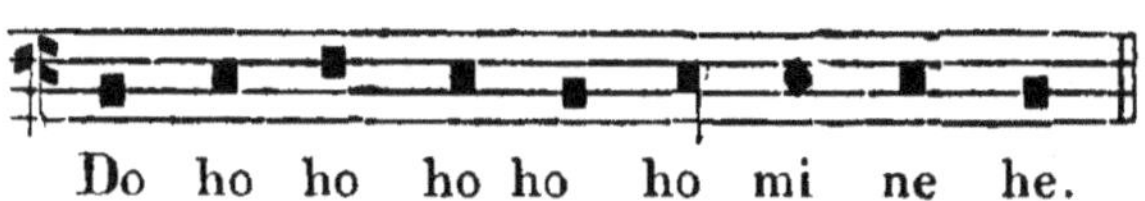

Il faut lier ce mot de manière que l'on entende la lettre *O* prononcée une seule fois, ou légèrement.

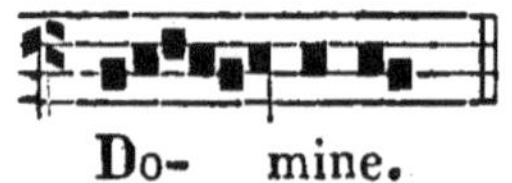

9° De ne point changer la nature de la syllabe.

10° Si l'on est plusieurs à chanter, de bien prononcer ensemble les syllabes ou mots sans affectation, comme dans les mots *dignum et justum est*, *alma,* ne pas chanter, *diguenum* (repos) *met-justum est, allema,* etc.

11° Former les mêmes repos, de manière qu'on ait l'air de n'être qu'un.

Il y a des personnes qui affectent de prononcer le mot *sint* comme en français *sincte*. Il faut le prononcer comme dans le latin *manducent*. La syllabe *in* seule, doit se prononcer comme en français *ine*, de même dans les mots suivans, *i-nnocens*, *i-nebriavit*, *i-nhabitavit*, *i-mmolabo*, en appuyant un peu sur l'*i*. Dans les suivans, comme s'il y avait *ein* ou *ain*, *invocabo*, *imperium*, etc.

DES BARRES.

La demi-barre sert à séparer chaque mot.

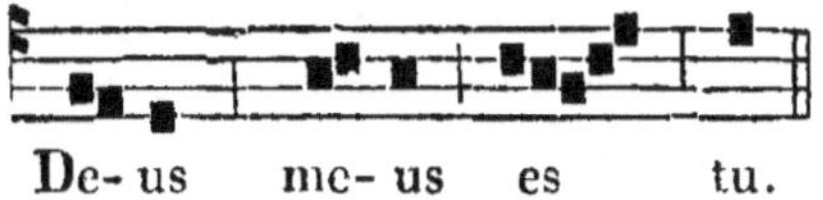

La barre simple se met après les notes suivies d'un point. Elle sert aussi à marquer chaque vers dans les hymnes ou proses ; si elles sont mesurées , on la met à chaque mesure.

BARRES SIMPLES.

Les deux barres se mettent après chaque intonation , à la fin de chaque pièce , et servent à séparer ce qui doit se chanter à deux chœurs.

BARRES DOUBLES.

On trouve dans les offertoires et communions deux barres. Ces deux barres indiquent où le second chœur doit prendre. Ces morceaux étaient chantés autrefois à deux chœurs, ce qui ne se pratique plus que dans quelques endroits ; c'est pourquoi il ne faut pas trop affecter d'y rester.

DE L'ASTÉRISQUE.

L'astérisque * se met dans les versets des psaumes pour indiquer le repos de la médiante , et les séparer en deux parties. Il se met aussi dans le cours d'un répons, pour avertir qu'après le verset ou le *Gloria Patri*, on doit reprendre à ce signe.

Si la première partie du répons est coupée en trois, au lieu de reprendre à l'astérisque, on met une croix † ou autre signe, pour indiquer qu'après le *Gloria Patri* on doit reprendre à ce nouveau signe.

Dans les répons, avant l'astérisque, on rencontre quelquefois des monosyllabes comme, *et*, *sed*, ce qui est mauvais.

Au premier répons de matines du jour de la Pentecôte, le chœur devrait faire son repos après *Domino*, et l'orgue prendre au mot *et*; de même après ceux-ci, *cœlo*, *mea*, dans les 1er et 5e répons de l'Assomption.

DE LA TRANSPOSITION POUR CEUX QUI JOUENT DU SERPENT.

Le serpent fut inventé en 1690 par un chanoine d'Auxerre, nommé Edme-Guillaume.

Cet instrument est fait pour donner le ton et soutenir le chœur. On se servait auparavant dans quelques églises d'un instrument nommé diapazon ou tenarion, (espèce de petite flûte dans laquelle il y a un piston sur lequel sont marquées les notes de la gamme et que l'on allonge ou raccourcit suivant la note que l'on veut obtenir) ou d'un morceau d'acier composé de deux branches appelé aussi *diapazon* ou *amila*, d'une petite *clochette* ou d'un *tuyau d'orgue*.

On entend par transposition, changer les notes par le moyen d'une nouvelle clé, ce qui est très-nécessaire aux serpentistes, car il n'y a guère que dans le second ton où ils jouent le plain-chant tel qu'il est écrit.

Il y a beaucoup de serpentistes qui ne connaissent pas cette manière; ceux là sont sujets à faire de fausses intonations.

Le serpentiste doit s'assurer d'avance du ton ou de la finale de la pièce que l'on joue ou que l'on chante.

DU PREMIER TON.

Dans le 1er ton qui est du mode mineur, la finale est *ré;* ce ton s'écrit ordinairement sur la clé d'*ut* quatrième ligne, avec ou sans bémol.

Le serpentiste donnera sur la finale *si, ut* ou *re*, ce sont à peu près les notes que l'on donne, car elles sont favorables pour l'instrument. Au reste, il se conformera à l'usage des chantres de son église.

1° S'il donne la note *si*, il supposera deux dièzes, *fa* et *ut*, à la clé, et jouera en *si* mineur avec la clé de *fa* troisième ligne.

2° S'il donne la note *ut*, il supposera trois bémols, *si mi la*, à la clé, et jouera en *ut* mineur avec la clé d'*ut* première ligne.

3° S'il donne un *re*, il jouera tel que c'estécrit, mais ce dernier se trouve un peu haut.

Le 1er ton peut aussi s'écrire avec la clé d'*ut* 2e ligne. Le serpentiste fera la même opération.

Dans les Psaumes ou Cantiques chantés en faux-bourdon, le serpent donnera le *la* pour dominante, et le *sol* s'il n'y a pas de faux bourdon.

Dans le faux-bourdon des 3e et 8e tons, on donne ordinairement *ut* pour dominante ; cela étant trop haut pour le chœur, on ferait bien de les baisser d'une tierce. Au reste, il faut suivre les usages reçus dans chaque église.

Le serpentiste en jouant les faux-bourdons doit suivre exactement les mêmes syllabes et mots que prononcent les chantres.

Dans les processions extérieures, il faut jouer lentement en marchant, faire une suite de notes qui forme une phrase, ou un membre de phrase convenable. On fait une pause de quelques pas, puis l'on continue.

Si on ne sort point de l'église, on joue de même gravement, mais de suite. Il faut s'arranger de manière à finir la pièce de chant, lorsque le célébrant arrive à la station pour dire l'oraison.

(Nota.) Quelques serpentistes mettent tout leur talent à faire de gros *re*, de gros *la* et des fusées continuelles sur l'accord parfait de *re* majeur. Cela peut plaire à quelques-uns, mais à coup sûr, le bon goût le réprouve, surtout s'il n'y a point un second serpent pour soutenir le chant.

Je conseillerai aux personnes qui veulent les imiter, de jouer le plain-chant tel qu'il est écrit, en faisant des sons ronds et égaux sur toutes les notes. Le serpent est fait pour soutenir le chœur et non pour l'écraser.

Tout dépend d'une bonne intonation, car c'est là ou les choristes et les serpentistes échouent; surtout de ne point prendre un mode majeur pour un mode mineur.

Si le ton de la pièce n'a pas été donné par le serpent, que les choristes aient baissé ou haussé, le serpent doit saisir le ton de la note que l'on vient de chanter, afin de ne point faire disparate, et enchaîner la psalmodie à l'Antienne ou autre pièce, ce qui l'expose souvent à jouer dans des tons peu favorables pour la plénitude des sons.

Enfin, si pourtant après un Psaume chanté en faux-bourdon, une Antienne se trouvait trop haute; le serpent attaquera *subito* et fortement la note convenable, afin d'avertir les chantres de se mettre à l'unisson avec lui.

2e TON.

Le 2e ton est du mode mineur, sa finale est *re*. Il s'écrit ordinairement sur la clé de *fa* troisième ligne, quelquefois sur la clé d'*ut* 3e et 4e lignes.

Le serpentiste donnera *re* ou *mi*.

1° S'il donne *re*, il supposera un bémol, *si*, à la clé de *fa* troisième ligne, et jouera en *re* mineur tel que le plain-chant est écrit. Il n'est point d'usage de mettre le bémol à la clé.

2° S'il donne *mi*, il supposera un dièze, *fa*, à la clé d'*ut* première ligne, et jouera en *mi* mineur. (*Voyez* le *Kyrie* transposé à la quarte supérieure.)

3e TON.

Dans le 3e ton, la finale est *mi*. Ce mode est mineur dit inverse, il s'écrit sur la clé d'*ut* quatrième ligne.

Le serpentiste donnera *si*, *ut* x ou *re*.

1° S'il donne *si*, il supposera un dièze, *fa*, à la clé d'*ut* deuxième ligne.

2° S'il donne *ut* x, il supposera trois dièzes, *fa* x, *ut* x, *sol* x, à la clé de *fa* troisième ligne.

3° S'il donne *re*, il supposera deux bémols à la clé d'*ut* première ligne.

4e TON.

Le quatrième ton finit par *mi*, le mode est mineur inverse comme le précédent. Il s'écrit sur la clé d'*ut* quatrième ligne.

Le serpentiste donnera *ut* x ou *re*.

1° S'il donne *ut* x, il supposera trois dièzes, *fa ut sol*, à la clé de *fa* troisième ligne.

2° S'il donne *re*, il supposera deux bémols, *si mi*, à la clé d'*ut* première ligne.

Ce ton se transpose dans le plain-chant à la quarte et à la quinte supérieure. (*Voyez les exemples.*)

5e TON.

Le cinquième ton finit par *fa*, il est du mode majeur. Il s'écrit sur la clé d'*ut* troisième ligne, avec ou sans bémol à la clé.

Le serpentiste donnera *si* ♭ ou *ut*.

1° S'il donne *si* ♭, il supposera deux bémols, *si mi*, et jouera en *si* ♭ majeur à la clé de *fa* troisième ligne.

2° S'il donne *ut*, il jouera dans le ton d'*ut* majeur sur la clé d'*ut* première ligne, sans aucun signe.

6e TON.

Le sixième ton finit par *fa*, il est du mode majeur, il s'écrit sur la clé d'*ut* quatrième ligne, avec ou sans bémol; quelquefois sur la clé d'*ut* deuxième ligne.

Le serpentiste donnera *ut* ou *re*.

1° S'il donne *ut*, il jouera en *ut* naturel majeur à la clé d'*ut* deuxième ligne.

2° S'il donne *re*, ce qui est le plus ordinaire, il supposera deux dièzes, *fa ut*, à la clé, et jouera en *re* majeur avec la clé de *fa* troisième ligne.

7e TON.

Le septième ton finit par *sol*, il est du mode majeur; il s'écrit sur la clé d'*ut* troisième ligne.

Le serpentiste donnera *ut* naturel ou *si* ♮.

1° S'il donne *ut*, il jouera en *ut* majeur avec le *si* ♮ à la clé de *fa* troisième ligne.

(Nota.) Ce ton n'est point le même qu'en musique. La septième est toujours mineure.

2° S'il donne *si* ♮, il jouera en *si* ♮ majeur avec trois bémols à la clé d'*ut* seconde ligne.

8e TON.

Le huitième ton finit par *sol*, il est du mode majeur. Il s'écrit sur la clé d'*ut* quatrième ligne, quelquefois sur la clé d'*ut* troisième ligne. Le serpentiste donnera *re*. Il supposera un *fa* dièze à la clé d'*ut* deuxième ligne, et jouera en *re* majeur avec l'*ut* naturel.

Voyez le nota ci-dessus.

DE LA TRANSPOSITION POUR LES ENFANS DE CHOEUR.

Les enfans de chœur qui apprennent la musique font ordinairement usage de la clé de *sol* deuxième ligne. En supposant toutes les notes du plain-chant sur celle de *sol* qui devient première ligne, attendu que dans le plain-chant il n'y a que quatre lignes, ils apprendront la musique et le plain-chant en même temps, et ils garderont toujours le même diapazon.

1er TON.

Les enfans supposeront deux bémols, *si mi*, à la clé, et chanteront en *sol* mineur sans *fa* dièze.

2e TON.

Ils supposeront deux dièzes, *fa ut*, à la clé, et chanteront en *si* mineur sans *la* dièze. On fait quelquefois le *sol* dièze.

3e TON.

Ils supposeront un bémol, *si*, à la clé, et chanteront en *fa* majeur.

4e TON.

Ils supposeront un bémol, *si*, à la clé, et chanteront en *re* mineur sans note sensible. Ces deux modes sont mixtes ou indéterminés.

5e TON.

Ils supposeront un dièze, *fa*, à la clé, et chanteront en *sol* majeur. Dans ce ton on fait souvent l'*ut* dièze ou l'*ut* naturel.

6e TON.

Ils supposeront deux bémols, *si mi*, à la clé, et chanteront en *si* ♭ majeur.

7e TON.

Ils supposeront deux dièzes, *fa ut*, à la clé, et chanteront en *la* majeur, avec le *sol* naturel.

8e TON.

Ils supposeront un bémol, *si*, à la clé, et chanteront en *ut* majeur avec le *si* bémol. *Voyez la remarque ci-devant à la transposition du serpent.*

DE L'ORGUE.

On attribue l'invention de l'Orgue à Archimède, qui vivait 200 ans avant Jésus-Christ, ou à des Arabes Sarrazins (1). On faisait mouvoir les soufflets au moyen d'une machine hydraulique. Les Orgues à soufflets sont de l'invention des Grecs.

Le premier Orgue que l'on eut en France fut envoyé par Constantin Copronyme, Empereur d'Orient, au roi Pépin, étant alors à Compiègne ; il le fit transporter à l'Eglise de S. Corneille de ladite ville. On en fit usage pour la première fois le 10 avril 755. Cet Orgue qui n'avait que deux octaves servit de modèle à toutes celles qui ont été faites depuis. — Aux 12e et

(1) Charles Texier a dessiné les obélisques de Constantinople et retrouvé dans l'un deux, érigé par Théodose, l'orgue à soufflet qu'on croyoit d'invention arabe et qui n'a paru dans l'Occident qu'au temps de Charlemagne. (*Journal des Débats*. 13 décembre 1834.)

13e siècles, il avait trois octaves ; au 16e siècle quatre octaves et deux claviers ; enfin de nos jours on voit des Orgues à cinq, six octaves, quatre ou cinq claviers et même plus.

Les pédales sont de l'invention d'un nommé Bernhard, en 1480.

FAUX-BOURDONS POUR L'ORGANISTE.

Pour les Cantiques, *Magnificat*, *Nunc dimittis*, *Benedictus*, l'Organiste donnera le *la* pour dominante les jours solennels, et le *sol* pour les jours moins fériés. Il fera en sorte de bien décider le ton, de jouer même s'il le faut le chant en octave seulement, ou de faire la basse telle qu'elle se chante au chœur, afin que les chantres puissent saisir le ton.

Les 3e et 8e tons, dont la dominante est *ut*, sont trop hauts; on fera bien de les baisser d'une tierce, c'est-à-dire, de mettre la dominante *ut* sur le *la*. Au reste on suivra l'usage reçu dans son Eglise. *Voyez ci-après le faux-bourdon*.

GAMME D'*UT* MAJEUR OU DE L'IONIEN.

Tous les intervalles sont tirés d'après la gamme naturelle d'*Ut* majeur. Il en est quelquefois d'un peu durs, tels sont ceux marqués par ce signe * ; mais il faut s'y habituer, c'est le défaut de notre système musical.

4.

PAR QUARTES.
N° 1.

finale.

2.

finale.

3.

Même leçon où la quarte majeure est évitée.

4.

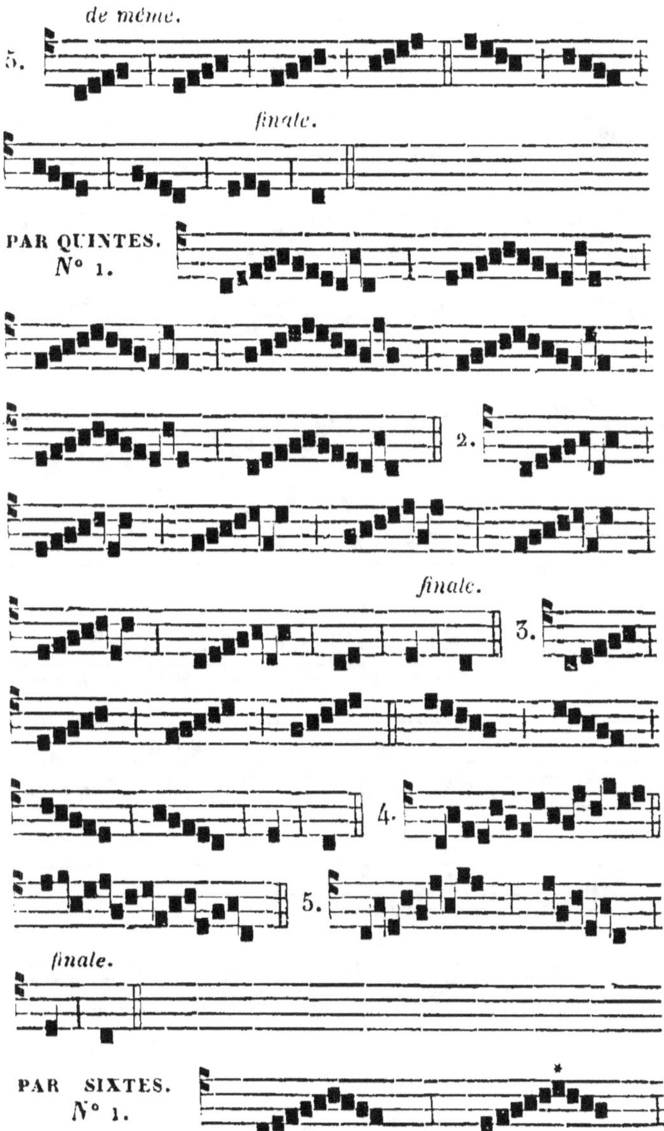
de même.
5.
finale.
PAR QUINTES.
N° 1.
2.
finale.
3.
4.
5.
finale.
PAR SIXTES.
N° 1.

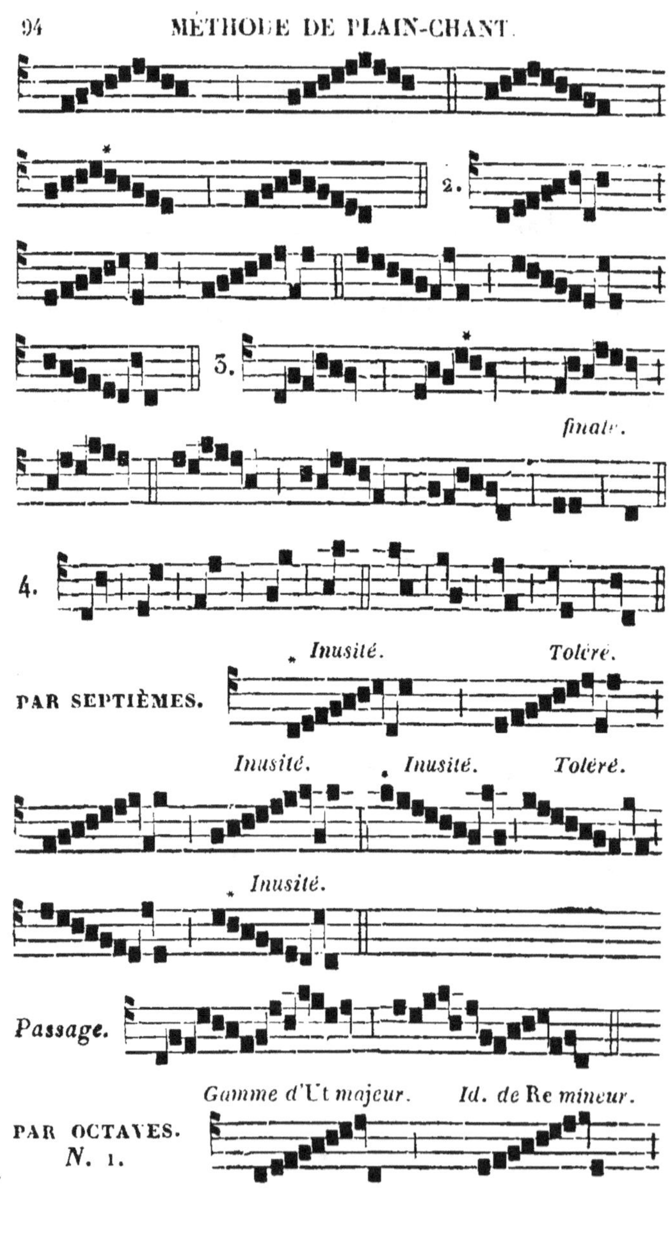
2.
3.
finale.
4.
Inusité.
Toléré.
PAR SEPTIÈMES.
Inusité.
Inusité.
Toléré.
Inusité.
Passage.
Gamme d'Ut majeur.
Id. de Re mineur.
PAR OCTAVES.
N. 1.

Gamme de Mi mineur dite inverse.
2.
3.
RÉUNION DE TOUS LES INTERVALLES.
Unisson. Seconde. Tierce.
Quarte. Quinte. Sixte. Septième.
Octave. Unisson. Seconde. Tierce. Quarte.
Quinte. Sixte. Septième. Octave.
TONS NATURELS.
DEMI-TONS NATURELS.
TONS PAR DIÈZES.

1. La tierce majeure est composée de deux tons.

2. La tierce majeure directe est composée d'un ton et d'un demi-ton.

3. La tierce mineure indirecte est composée d'un demi-ton et d'un ton.

INTERVALLES PAR QUARTES JUSTES DITES MINEURES, COMPOSÉES DE DEUX TONS ET DEMI.

QUARTES MAJEURES DITES TRITONS, COMPOSÉES DE TROIS TONS.

Ces intervalles s'emploient rarement.

GAMMES DANS DIFFÉRENS TONS.

Il ne faut point se borner exclusivement à la gamme d'Ut.

5e *Ton.*

GAMME EN *FA* MAJEUR. *N.* 1.

Variante du 5 *en* la.

2.

3.

4.

5.

finale.

6e *Ton.*
N° 1.

Passage.

3.

Observez qu'il y a un ton de la 7e à la 8e note.

GAMME MINEURE CORRESPONDANT A CELLE DU PREMIER TON AVEC LE *SI* BÉMOL A LA CLÉ.

GAMME MINEURE CORRESPONDANT A CELLE DU 2e TON.

Hypo-Eolien.

10e *Ton.*

GAMME MAJEURE CORRESPONDANT A CELLE DU 5e TON AVEC LE BEMOL A LA CLÉ.

Ionien.

11e *Ton.*

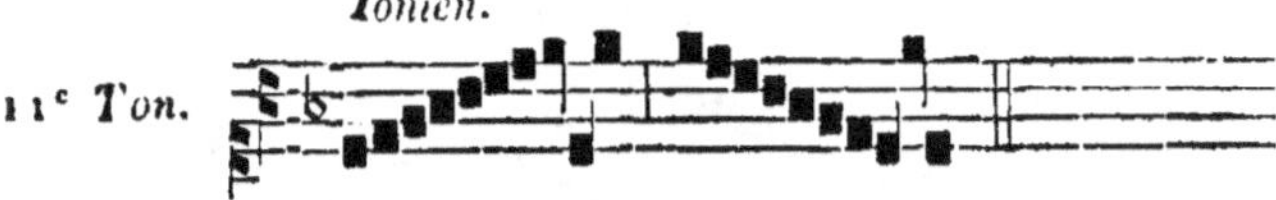

GAMME MAJEURE CORRESPONDANT A CELLE DU 6e TON.

Hypo-Ionien.

12e *Ton.*

Dorien.

1er *Ton.*
GAMME MINEURE.

De la 7e à la 8e note il y a un ton.

* On ne rencontre point de dièze dans l'ancien Plain-Chant.

Extension.

2e *Ton.*

Hypo-dorien.

Phrygien.

3e *Ton.*
GAMME MINEURE MIXTE.

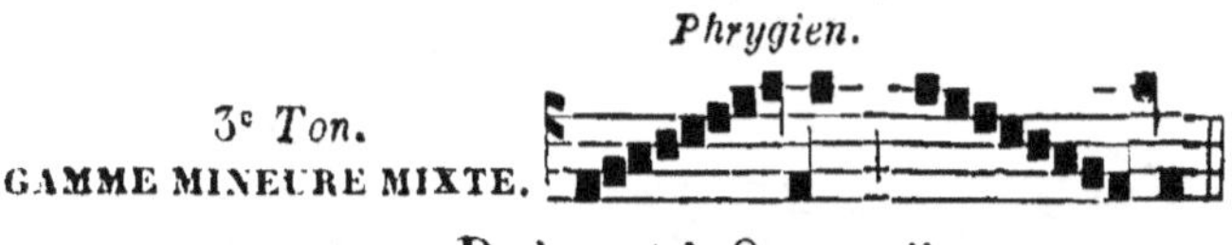

De la 7e à la 8e note il y a un ton.

Il y a un demi-ton de la 1re à la 2e note.
Hypo-Phrygien.
4e Ton.
EXEMPLES DANS LESQUELS SE TROUVENT LES TROIS SIGNES ALTÉRATIFS, le Dièze, le Bémol, et le Béquarre.
L'usage du Dièze est moderne.
1er Ton. DORIEN.
Autre finale.
Du 3e Dimanche repris après l'Epiphanie.
Alleluia, Mardi de Pâques.
Tene- brarum.
Redempti- o- nem
2e Ton. HYPO-DORIEN.
Autre finale.

3e KYRIE DES DOUBLES-MINEURS TRANSPOSÉ A LA QUARTE AU-DESSUS.

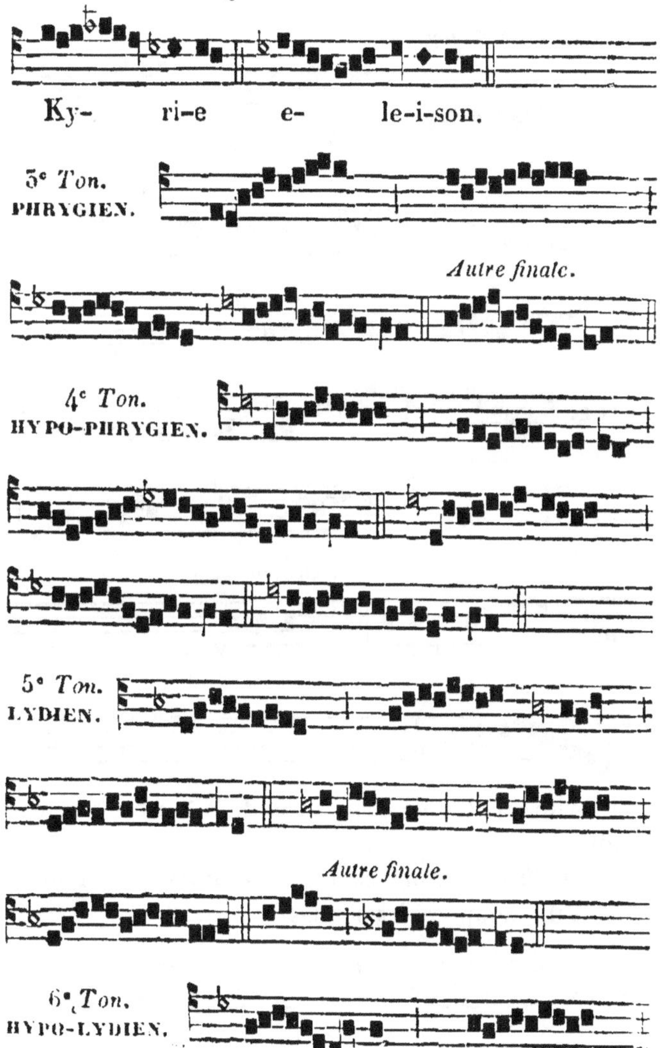

...

J'invite les élèves à se pénétrer de la tournure de ces chants.

Ici l'élève commencera par chanter les notes, ensuite il y adaptera les paroles.

Nehemi- æ du-cis et
Esdræ Sacerdo- tis
in dedi-ca-ti- o-ne
muri Jeru- salem...
et læti- ti-am
in acti-o-ne
gra-ti-a- rum.
IVe Samedi repris après l'Epiphanie.
2e Ton.
HYPO-DORIEN.
Omni-a
detrimentum feci et
arbitror ut ster-cora

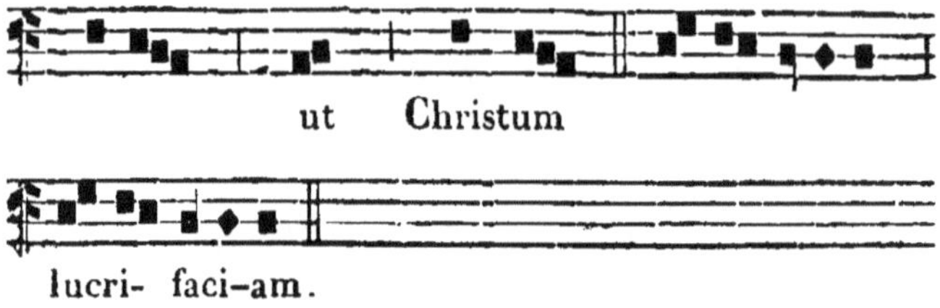

ut Christum
lucri- faci-am.

XXe Samedi après la Pentecôte.

3e *Ton.*
PHRYGIEN.

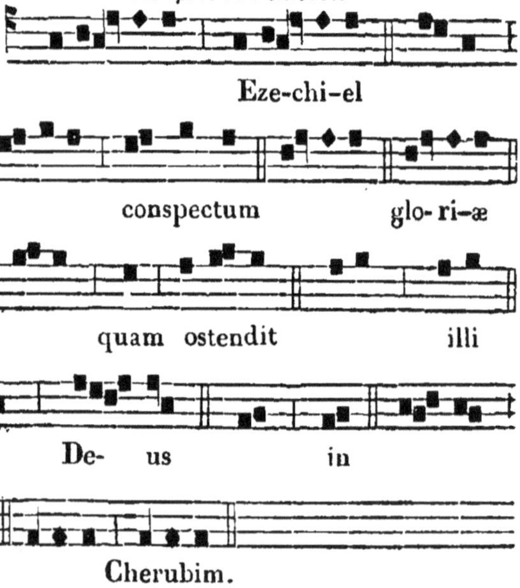

Eze-chi-el
vi- dit conspectum glo- ri-æ
quam ostendit illi
De- us in
cur-ru Cherubim.

Des Dimanches ordinaires.

4e *Ton.*
HYPO-PHRYGIEN.

Fide- li-a
omni-a mandata e-jus,

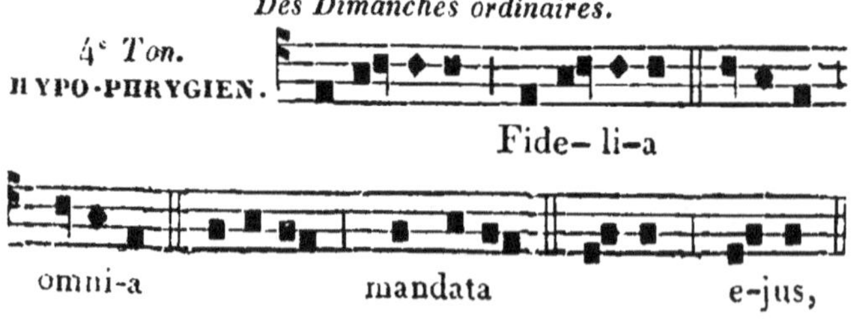

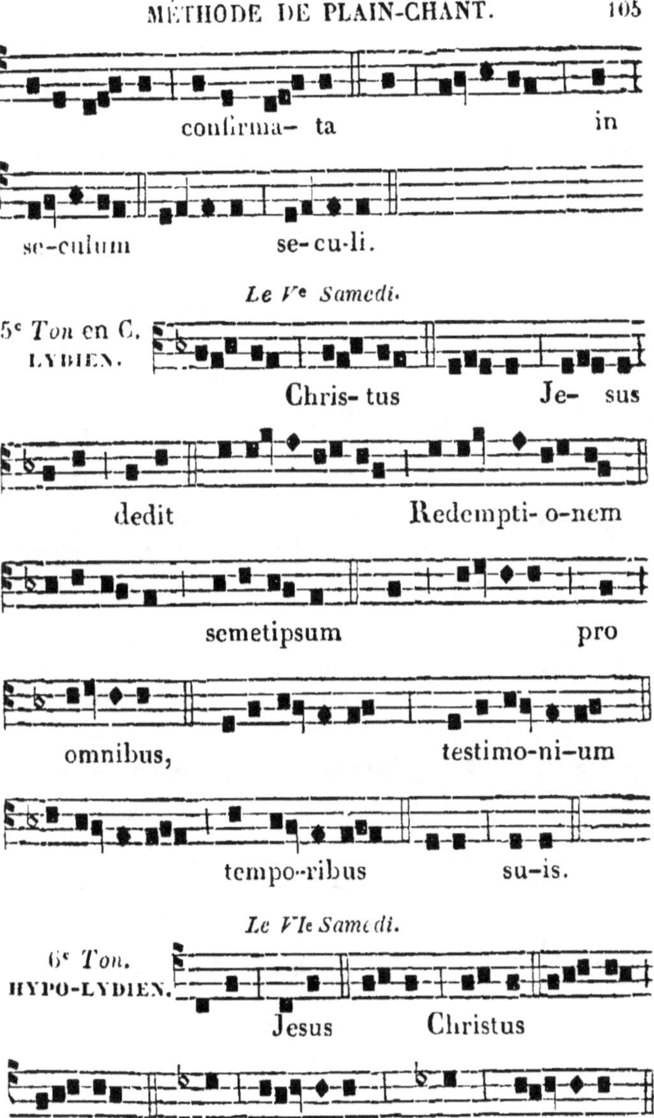
confirma- ta
in
se-culum
se-cu-li.
Le Ve Samedi.
5e Ton en C.
LYDIEN.
Chris- tus
Je- sus
dedit
Redempti- o-nem
semetipsum
pro
omnibus,
testimo-ni-um
tempo-ribus
su-is.
Le VIe Samedi.
6e Ton.
HYPO-LYDIEN.
Jesus
Christus
hc- ri
et
ho- di-e:

ip-se et in
se- cula.
Le XXIe Samedi.
7e Ton.
MIXO-LYDIEN.
A-na- ni-as
et Azari- as et
Mi- za-el creden-tes
libera- ti sunt
de flam- ma : Dani-el
in su-a simpli-ci-tate
libe-ra- tus est
de o- re le-onum.

Des Dimanches après la Circoncision, à Vêpres.
8e Ton.
HYPO-MIXO-LYDIEN.
Non mi-sit
De- us Fi-li-um su- um
in mundum ut
ju- dicet mundum, sed ut
salve- tur mundus
per ipsum.
LES MÊMES ANTIENNES SANS NOMMER LES NOTES.
1er Ton.
In di- e-bus Nehemi- æ du-cis et
Esdræ sacerdo- tis in dedica-ti- o-ne
muri Jeru- salem requisi-e- runt Le-vi- tas

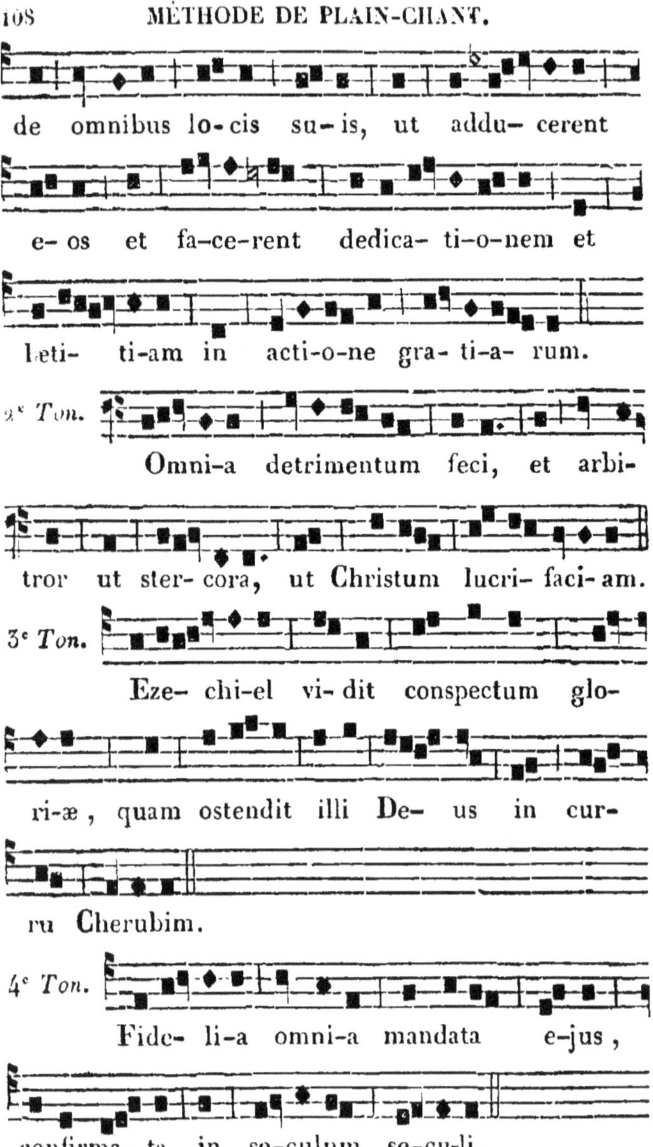
de omnibus lo-cis su-is, ut addu- cerent
e- os et fa-ce-rent dedica- ti-o-nem et
læti- ti-am in acti-o-ne gra- ti-a- rum.
2e Ton.
Omni-a detrimentum feci, et arbi-
tror ut ster- cora, ut Christum lucri- faci- am.
3e Ton.
Eze- chi-el vi- dit conspectum glori-æ, quam ostendit illi De- us in cur-
ru Cherubim.
4e Ton.
Fide- li-a omni-a mandata e-jus,
confirma- ta in se-culum se-cu-li.

5e Ton.
Chri- stus Je- sus dedit redempti-o-
nem semetipsum pro omnibus, testimo-ni- um
tempo- ribus su-is.
6e Ton.
Jesus Christus he- rì, et ho- di-e,
ip-se et in se- cula.
Le XXe Samedi.
7e Ton.
A-na-ni-as, et Azari-as, et Mi-
za-el credentes, libera- ti sunt de flam-
ma : Dani- el in su-a simplici-tate libe-
ra- tus est de o- re le-onum.
8e Ton.
Non mi-sit De- us Fi-li-um su- um in

DES MODES TRANSPOSÉS OU AVEC CHANGEMENS DE CLÉ.

Du 2e Dimanche après Pâques.

On peut l'écrire comme ci-après.

Dans ce dernier la notation est un peu élevée.

Procession du XVIe Dimanche après la Pentecôte.

Si l'on écrivait ce ℟. en entier, à la clé d'*ut* quatrième ligne, il serait également mixte, parce qu'il participe du premier et du deuxième tons.

La notation est un peu basse.

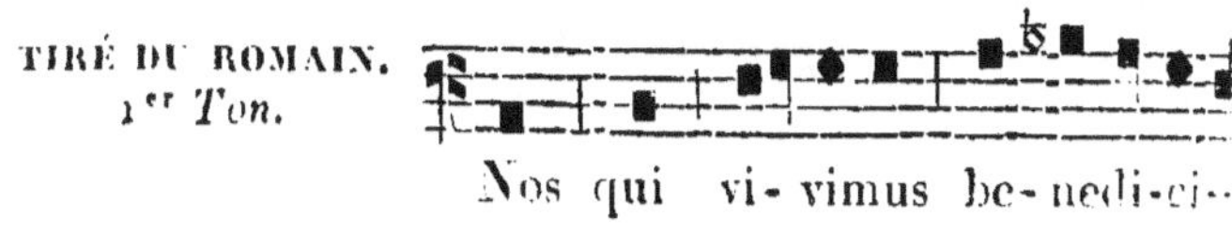

mus Domino.

PSAUME.

In exitu Isra-el de Egypto, domûs

Jacob de populo barbaro.

GRADUEL DE LA MESSE DE MINUIT TRANSPOSÉ A LA QUINTE AU-DESSUS DE L'HYPO-DORIEN.

2 *en* A.
HYPO-EOLIEN.

Tecum prin-ci- pi-um, etc. in splen-

do-ribus sancto- rum, etc. ge- nu-i

te. ℣. Cu-i De- us di- xit, etc. Fi-

li-us me-us es tu, etc.

On pourrait l'écrire à la clé de fa *troisième ligne.*

Tecum.

KYRIE DES DOUBLE-MINEURS, TRANSPOSÉ UNE QUARTE AU-DESSUS DE L'HYPO-DORIEN.

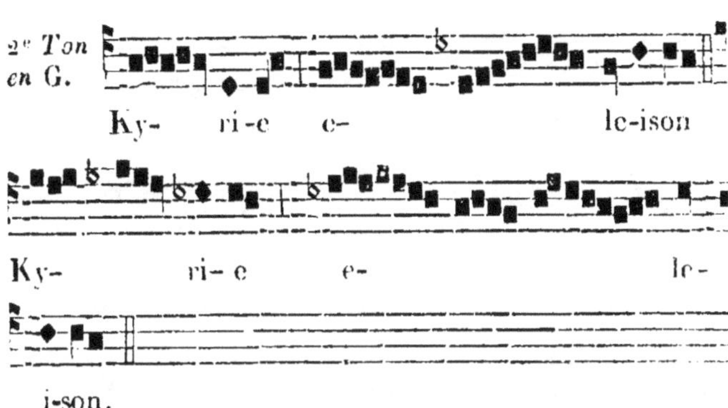

OFFERTOIRE DU 2 EN A. C'EST LE 2e TON OU HYPO-DORIEN, TRANSPOSÉ EN HYPO-EOLIEN UNE QUINTE PLUS HAUT.

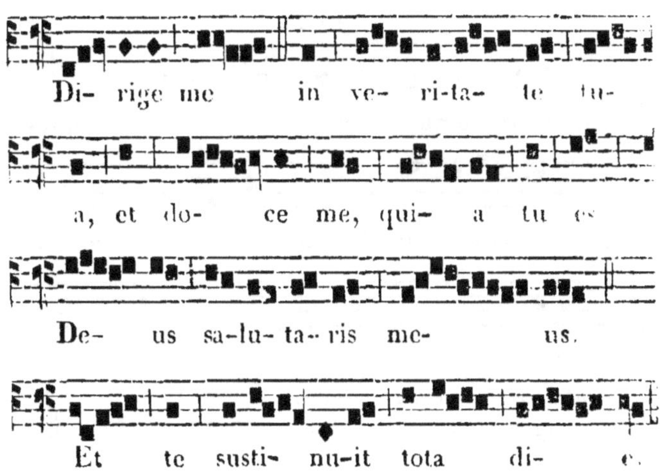

OFFERTOIRE. 2ᵉ *Ton en* A. **HYPO-DORIEN, TRANSPOSÉ UNE QUINTE AU-DESSUS.**

Vᵉ Dimanche repris après l'Epiphanie.

Ce ton pourrait s'écrire à la clé de fa *quatrième ligne.*

4ᵉ *Ton* en E.
Extrait du Romain.
HYPO-PHRYGIEN.

Guidon.

*On peut l'écrire avec la clé d'*ut *quatrième ligne, c'est la même chose.*

Sancta Ma- ri- a.

4e *Ton* en E.
Extrait du Romain.
HYPO-PHRYGIEN.

4e *Ton* en A. TRANSPOSÉ UNE QUARTE AU-DESSUS DE L'HYPO-PHRYGIEN.

On le trouve quelquefois écrit sur la quatrième ligne, IIIe Dimanche après Pâques.

4e *Ton* en B. TRANSPOSÉ UNE QUINTE PLUS HAUT.

Invitatoire de la Dédicace, Noël, etc.

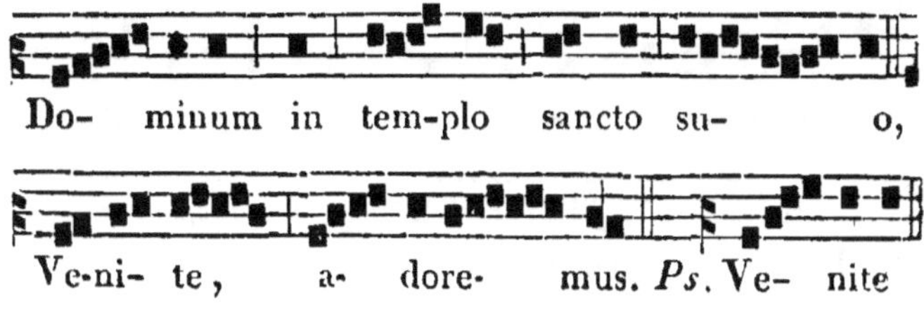

On pourrait l'écrire à la clé de fa deuxième ligne.
Do- minum in tem-
plo.
Ou à la clé d'ut quatrième ligne.
Do- minum in tem-
plo.
5e Ton en C.
LYDIEN.
O vos omnes qui trans-i-tis
per vi- am, atten- di-te et vide-te si est
do- lor sicut do- lor me-us.
Ce ton peut se transposer une quinte plus haut ou une quarte plus bas.
O vos omnes.
5e Ton en a.
In inventione Crucis.
Ipse est pax nostra, solvens
i-ni-mici-ti- as in carne su- a ut reconcili-
et De- o per cru-cem, alle-lu-ia.
Ce ton ne se transpose pas.

6e Ton en C.
HYPO-LYDIEN.
Fi-li- a Si- on oppressa est ama-
ri- tudine, et egressus est omnis decor
ejus.
C'est un 6e ton transposé à la quinte au-dessus.
Fi-li-a Si- on
Alleluia de la Circoncision avec changement de clé.
7e Ton. Romain.
MIXO-LYDIEN.
Al- le- lu- ia.
℣. Mul-
Guidon.
ti- fa- ri-e o- lim
De- us loquens pa-tribus
Guidon.
in prophe- tis... is- tis. Lo- cu-
Guidon.
Guidon.
tus est, etc.

Dans les grandes notes obliques il n'y a que la première et la dernière qui comptent.

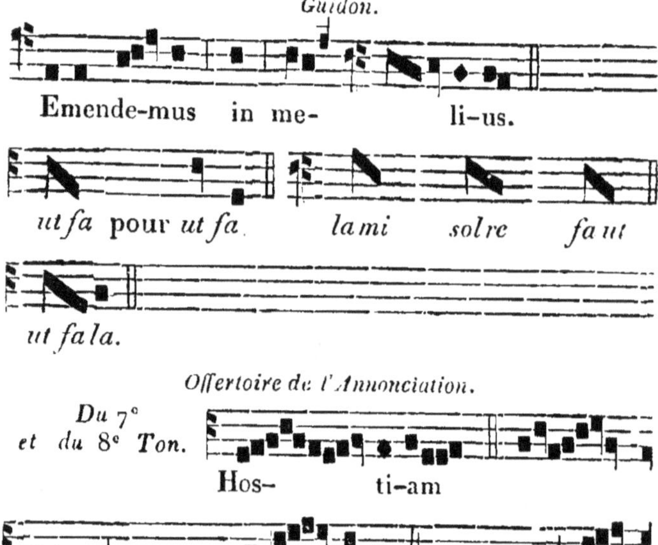

* *Cette pièce est du genre mixte : on aurait pu l'écrire avec la clé d'*ut *quatrième ligne, mais on a préféré celle ci-dessus, parce que les deux notes marquées d'une étoile auraient exigé deux lignes additionelles.*

8e *Ton.* Romain.
HYPO-MIXO-LYDIEN.

Ne time-as, Mari- a, in-ve-

Cette pièce est entièrement du 8e ton, quoique le commencement soit sous la clé du 7e ton.

Graduel du 4e Dimanche du Carême.

PASSAGES DE QUELQUES TONS MIXTES.

DANS LE SALVE REGINA.

Du 1er et du 2e Ton.

1er Ton.
O cle- mens.
GRADUEL DES INNOCENS.
Du 5e et du 6e Ton.
6e Ton.
Anima nos-tra.
GRADUEL DE SAINT ETIENNE.
Adver- sùm me.
5e Ton.
Sancto- rum.
TOUSSAINT.
6e Ton.
Inebri-abun- tur.
TOUSSAINT.
5e Ton.
Et torren-
PROSE DE LA FÊTE-DIEU.
Du 7e et du 8e Ton.
8e Ton.
Di-es e- nim solemnis agitur.
8e Ton.
Sumit unus, sumunt mil- le.

Du 5e et du 6e Ton.

Fin. in magnificentia.

VENI SANCTE SPIRITUS.

℣. *de* l'Alleluia *de la Pentecôte, (invocation pleine de feu)* *imité du chant de l'hymne* O splendor.

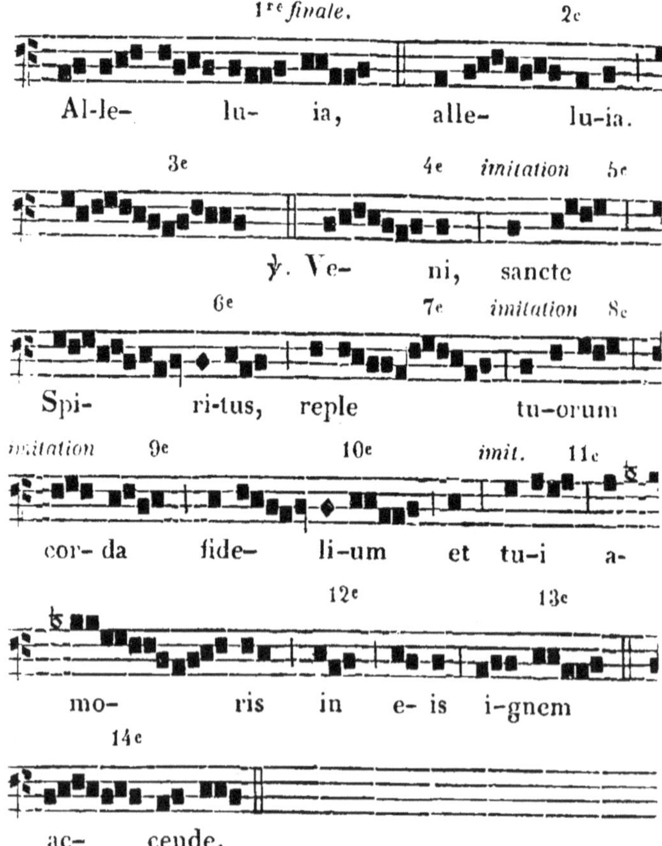

Presque toutes ces finales ou repos sont sur la note *re*. c'est cette similitude qui lui donne une espèce de monotonie.

ABUS DES NOTES DOUBLES.

Graduel du jour de Pâques.

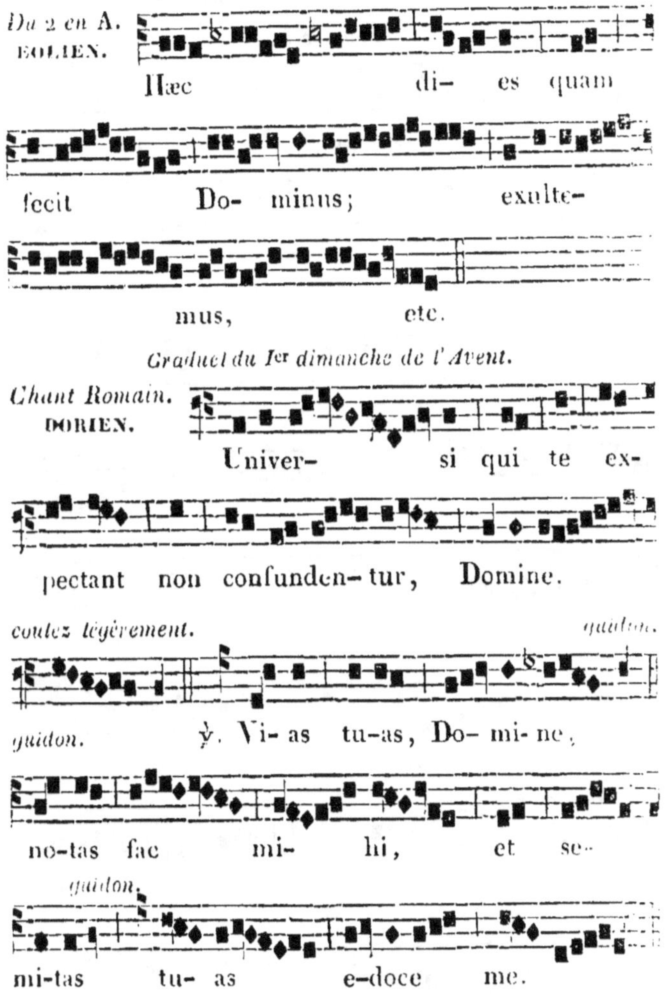

Le chant romain est plus léger que le chant français.

TRANSPOSITIONS POUR LE SERPENT.

(Chants extraits des offices de la Semaine Sainte.)

chant écrit.

1er *Ton.*
EN *re* MINEUR.

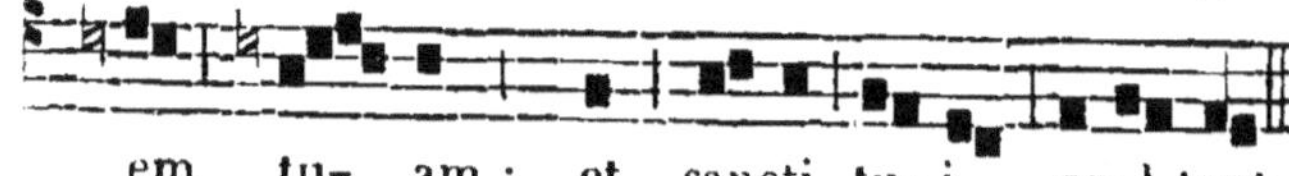

On peut se servir de la clé d'ut 2e ligne.

EN *si* MINEUR.

EN *ut* MINEUR.

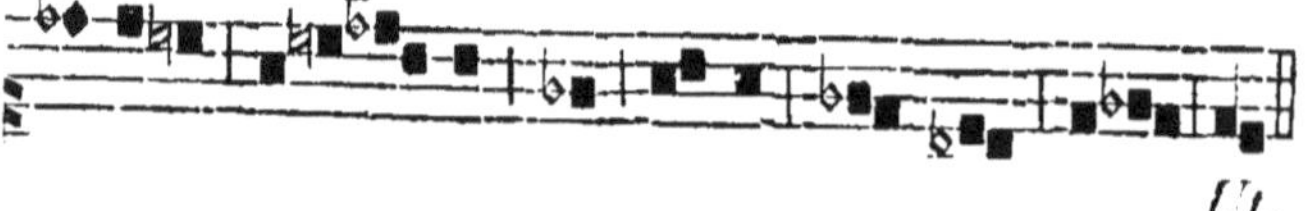

chant écrit.

2e *Ton.*

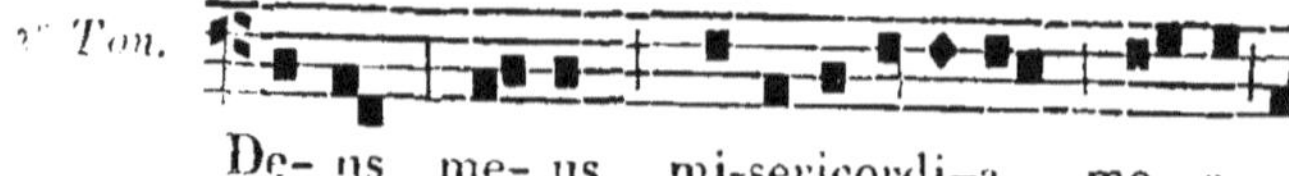

et susceptor me-us.
Serpent.
EN re MINEUR.
Ainsi de suite tel que c'est écrit.
Serpent.
EN mi MINEUR.
Mi.
CHANT TRANSPOSÉ UNE QUARTE PLUS HAUT.
KYRIE DES DOUBLES-MINEURS.
Chant.
Ky- ri-e, e- le- i-son.
Ky- ri- e.
Serpent.
Re.
Re.
3e Ton.
Chant.
Do- mine, dabis pa- cem no-bis; omni-
a enim o-pera nostra opera- tus es

Mi.
nobis.
Serpent.
EN sol MAJEUR.
Re.
Si.
EN la MAJEUR.
Mi.
Ut.
4e Ton.
Chant.
Be- a- ti omnes qui timent Dominum,
qui am-bulant in vi- is ejus.
Serpent.
EN fa ✕ MINEUR.
La.

Ut.
Serpent.
EN sol MINEUR.
Si ♮
Re
INVITATOIRE DE L'ANNONCIATION, TRANSPOSÉ UNE QUINTE PLUS HAUT.
La.
Du 4 en B.
Chant.
Ver- bum ca- ro fac- tum est;
Si.
Ve- ni-te, a- dore- mus.
Serpent.
EN sol MINEUR.
Ut.
R.
Du 4 en d.
TRANSPOSÉ UNE QUARTE AU-DESSUS.
e u o u a e

*Le même à la clé d'*ut *quatrième ligne, troisième Dimanche après Pâques.*

On peut jouer le 5e en C. de même.
Ut.
ou en si ♭ MAJEUR.
Re.
6e Ton. Chant.
Fi-li-a Si- on oppres-sa est amari-
tudine et egressus est omnis decor
ejus.
Ce ton peut s'écrire à la clé d'ut 4e ligne avec un bémol, ou à la clé d'ut 2e ligne.
Serpent. EN ut MAJEUR.
Mi.
Ut.
Serpent. EN re MAJEUR.
Fa.

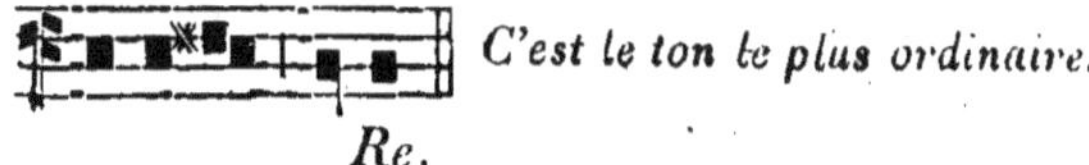

C'est le ton le plus ordinaire.

Re.

Si.

7ᵉ Ton. Chant.

Non con-ce-dit requi-escere spi-ritum

Sol.

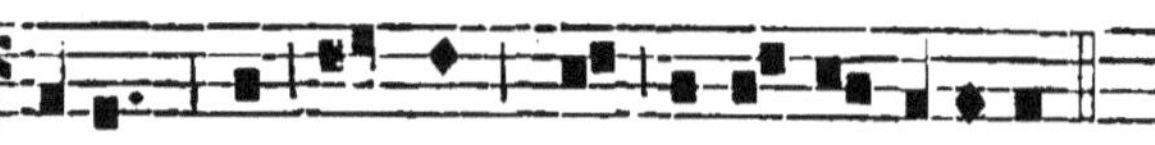

me-um, et implet me ama-ri- tudinis.

Passage.

Serpent.
EN *ut* MAJEUR.

Mi.

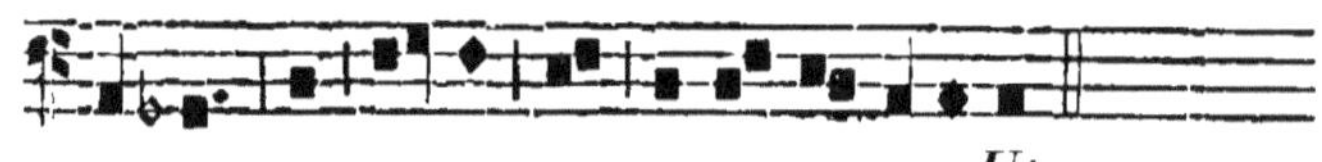

Ut.

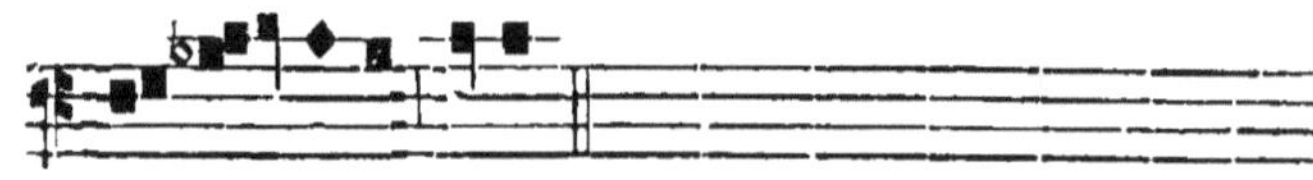

Passage.

Serpent.
EN *si* ♮ MAJEUR.

Re.

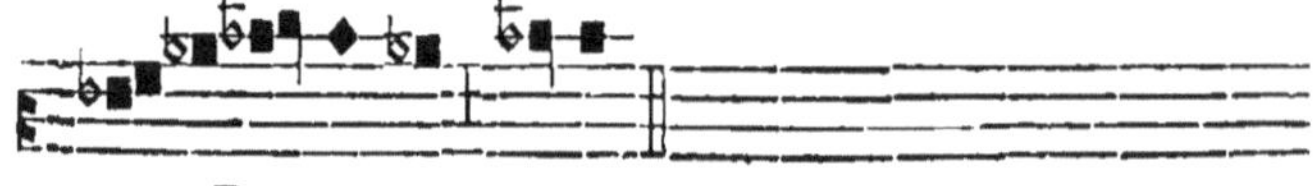

Passage.

Sol.
8e Ton.
Chant.
Qui je-ju-nat in pec-ca-tis su-is, et
i-terum e- adem fa- ci-ens, quid pro- fi-cit
Sol.
humi-li- ando se?
Serpent.
EN sol MAJEUR.
Re.
Re.
TRANSPOSITION POUR LES ENFANS DE CHOEUR.
1er Ton.
Chant.
Ver- bum... et habi-ta- vit.
Sol.
Enfans.
Ver- bum... et habi- ta-
Sol.
vit.

4e *Ton* transposé.
Chant.

E-ro mors tu-a, ô mors;

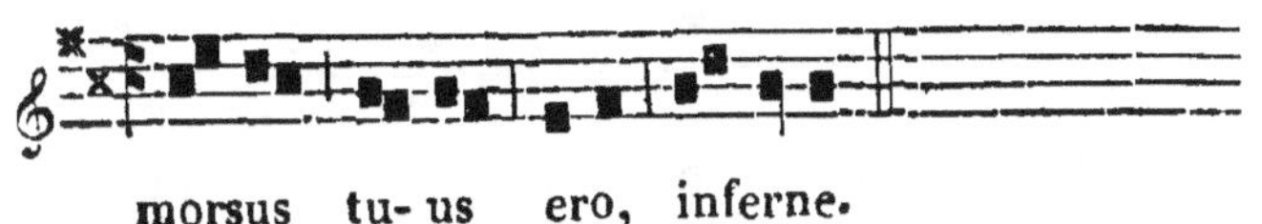

morsus tu- us ero, inferne.

1er *Ton.*
Chant.

Exaudi, Domine, attende et

fac, De- us me-us.

6[e] *Ton.*
Chant.

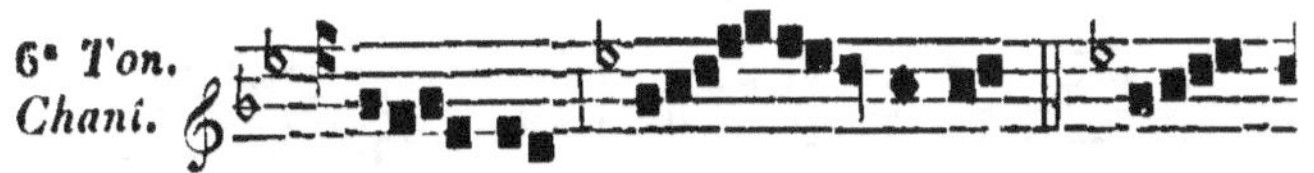

Lau- da, ve- ni-o... tu-

i, a- it Do- minus.

7[e] *Ton.*
Chant.

Da testimo- ni-um... prædica- ti-

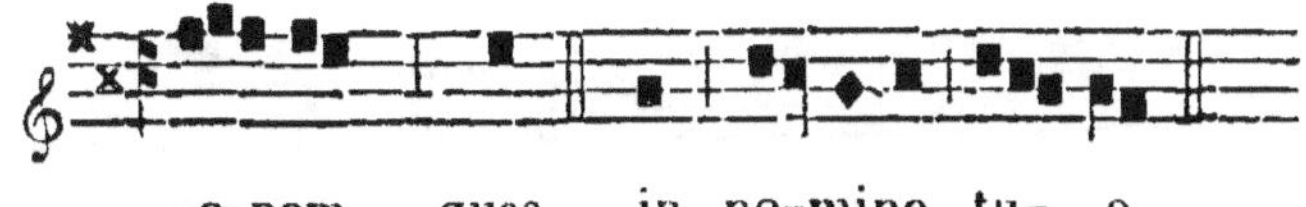

o-nem... quas... in no-mine tu- o.

8e *Ton.*
Chant.

Mis-sus est Ange- lus Gabri-el ad

Mari-am Virgi- nem desponsa-tam Joseph.

RÉPONS BREFS AVEC *Alleluia* POUR LES ENFANS.

De-us Rex noster operatus est salutem,

alle- lu- ia, alle- lu-ia. *Chœur,* Deus. ℣. In

medi- o terræ. *Chœur,* Alleluia. Glori-a

Patri, et Fi-li- o, et Spiri-tu-i sancto.
Chœur, Deus.

Le même sans Alleluia.

De- us Rex noster Opera-

tus est sa-lu- tem. *Chœur,* Deus. ℣. In

me-di-o terræ. *Chœur,* Operatus est. Glori-a

Patri, et Fi-li-o, et Spiri-tu-i sancto.

℣. Tu es ipse Rex me-us, et De-us me- us.

Le même ℣ avec un monosyllabe à la fin.

Et adjutus sum.

℣. avec Neume.

Tu es ipse Rex me-us, et

De-us me-us. *Neume.*

℣. des Ténèbres.

Lavabis me, Domine.

Autre.

Subsanna-ti-one.

℣. des Matines des Morts.

Ne tradas besti-is animas confi-

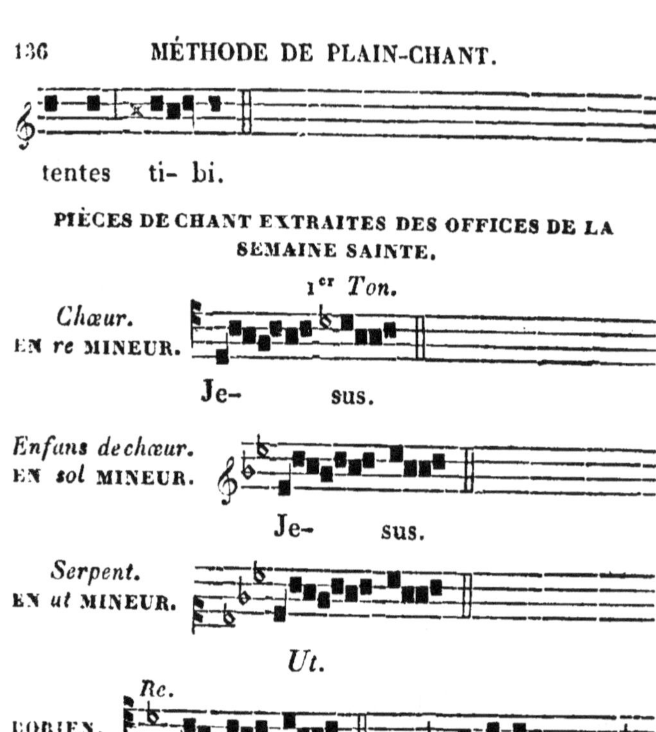

PIÈCES DE CHANT EXTRAITES DES OFFICES DE LA SEMAINE SAINTE.

Ut.

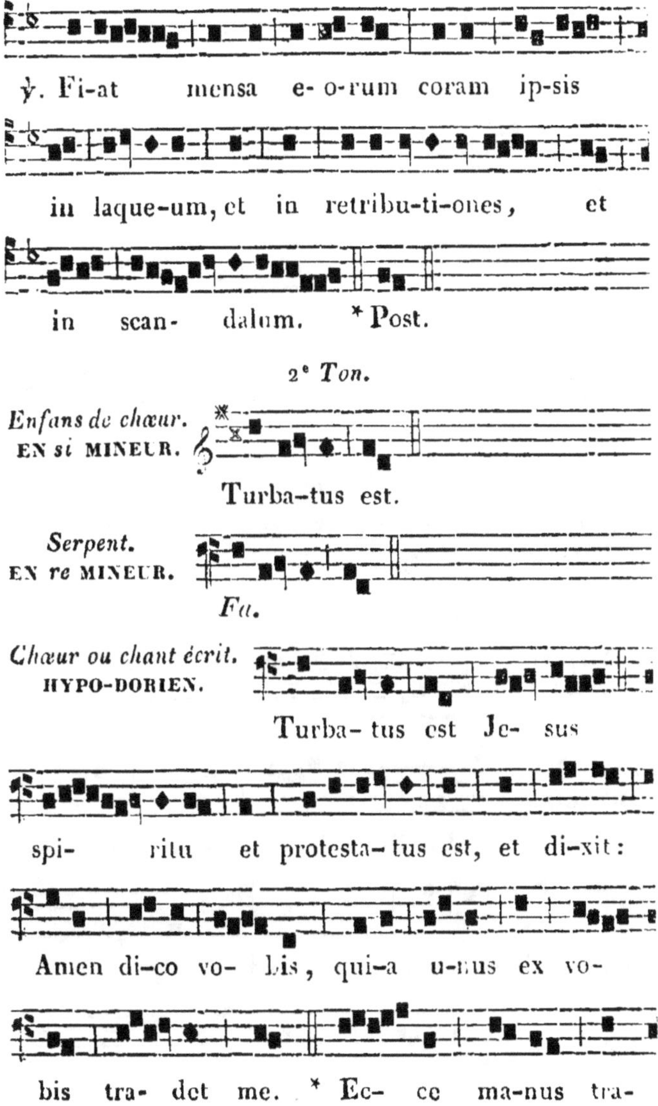
℣. Fi-at mensa e-o-rum coram ip-sis
in laque-um, et in retribu-ti-ones, et
in scan- dalum. * Post.
2e Ton.
Enfans de chœur. EN si MINEUR.
Turba-tus est.
Serpent. EN re MINEUR.
Fa.
Chœur ou chant écrit. HYPO-DORIEN.
Turba- tus est Je- sus
spi- ritu et protesta- tus est, et di-xit:
Amen di-co vo- bis, qui-a u-nus ex vo-
bis tra- det me. * Ec- ce ma-nus tra-
...

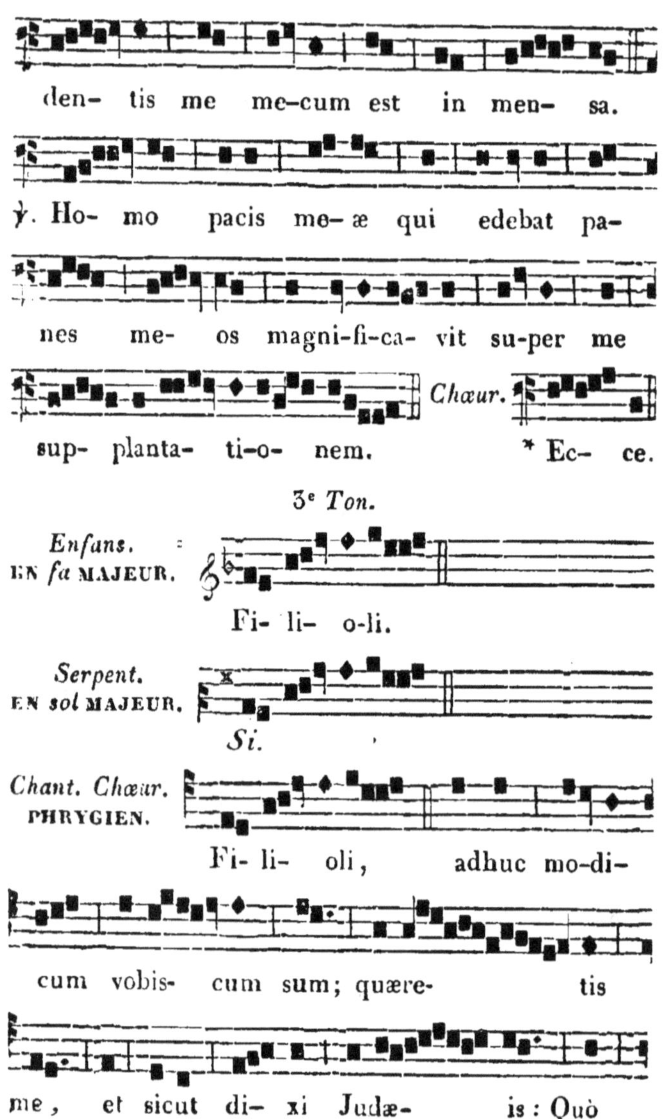
den- tis me me-cum est in men- sa.
℣. Ho- mo pacis me- æ qui edebat pa-
nes me- os magni-fi-ca- vit su-per me
sup- planta- ti-o- nem.
Chœur.
* Ec- ce.
3e Ton.
Enfans.
EN fa MAJEUR.
Fi- li- o-li.
Serpent.
EN sol MAJEUR.
Si.
Chant. Chœur.
PHRYGIEN.
Fi- li- oli, adhuc mo-di-
cum vobis- cum sum; quære- tis
me, et sicut di- xi Judæ- is : Quò

OU EN *sol* MINEUR.

Re.

5e *Ton sans le* si ♮ *à la clé.*

Sol.

Enfans.
EN *sol* MAJEUR.

Accepto Je- sus.

Serpent.
EN *ut* MAJEUR.
Ut.
OU EN *si* ♮ MAJEUR.
Si ♮.
Chant.
LYDIEN.
Accep–to Je– sus ca– lice, gra-
ti–as a-gens de-dit e– is; et bibe- runt
ex il–lo om– nes. * Et a- it Je-
sus : Hic est sanguis me– us no–vi tes-
ta- men– ti, qui pro mul- tis ef-fun-de-
tur. ℣. Mo-yses sumptum sanguinem resper-
sit in po-pulum, et a- it : Hic est sanguis
fœ-deris quod pepigit Dominus vo- bis-

6e *Ton.*

Enfans.
EN *si* ♮ MAJEUR.

Omnes vos.

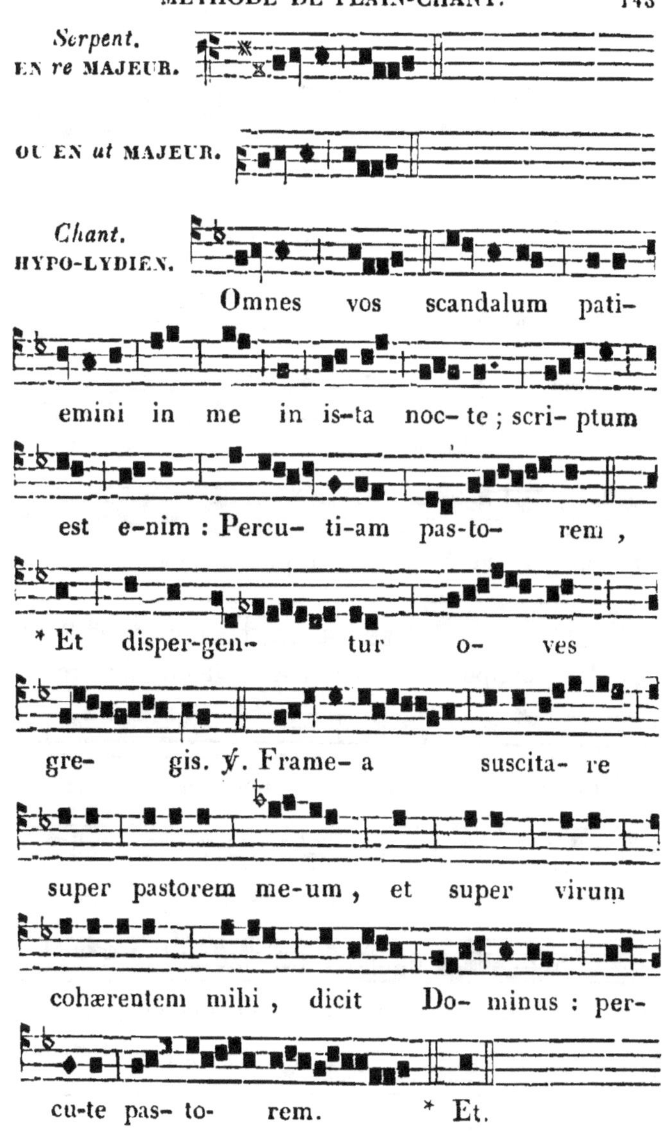
Serpent.
EN *re* MAJEUR.
OU EN *ut* MAJEUR.
Chant.
HYPO-LYDIEN.
Omnes vos scandalum pati-
emini in me in is-ta noc- te ; scri- ptum
est e-nim : Percu- ti-am pas-to- rem ,
* Et disper-gen- tur o- ves
gre- gis. ℣. Frame- a suscita- re
super pastorem me-um , et super virum
cohærentem mihi , dicit Do- minus : per-
cu-te pas- to- rem. * Et.

7e *Ton.*

Enfans.
EN *la* MAJEUR SANS *sol* ♯.
Cœnâ fac- tâ.
Serpent.
EN *ut* MAJEUR AVEC *si* ♮.
OU EN *si* ♮ MAJEUR AVEC *la* ♮.
Chant.
MIXO-LYDIEN.
Cœnâ fac- tâ, surgit
Je- sus à cœ- na et cœ-pit la- va- re
pe-des discipulo- rum, et di- cit Pe-tro:
* Vos mundi es- tis, sed non om- nes:
sci-ebat e-nim quisnam es-set qui trade-
ret e- um. ℣. Non supergau- de-ant
mi-hi qui adversantur mi- hi i-ni- què;

8ᵉ *Ton.*

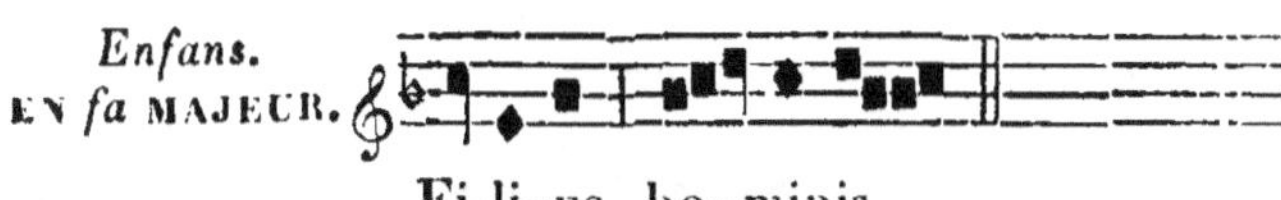

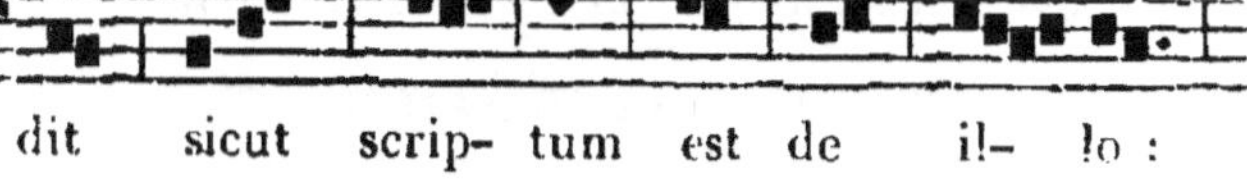

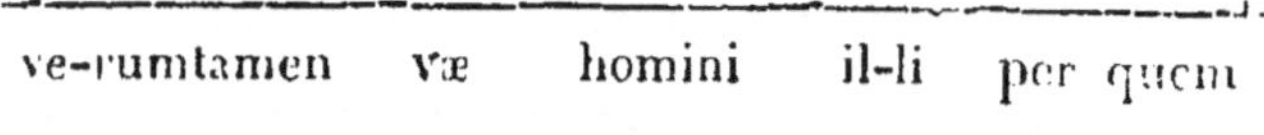

ve-rumtamen væ homini il-li per quem

Fi- li-us ho-minis trade- tur ; * Bonum e-rat

OFFERTOIRE DE L'ASSOMPTION.

Pièce qui peut servir pour un concours de chantre.

8e *Ton.* HYPO-MIXO-LYDIEN.

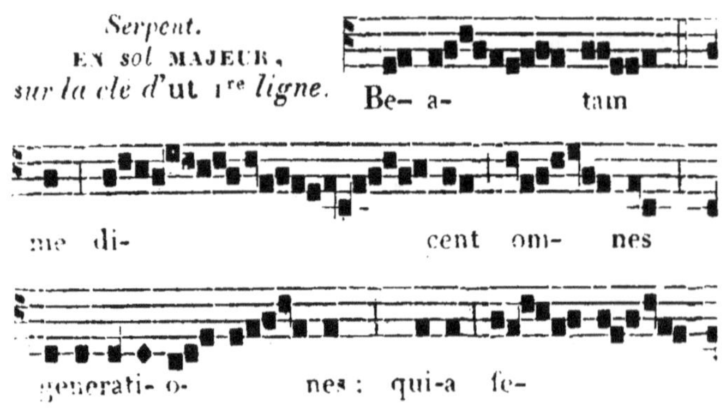

e- jus. *Voyez la remarque au mot transpositio*: le serpentiste donnera, etc.

COMMENCEMENT DE MATINES.

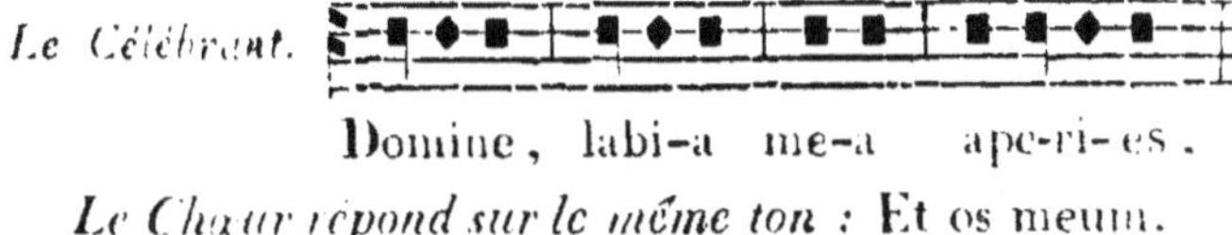

Le Chœur répond sur le même ton : Et os meum.

DE MÊME A COMPLIES.

Célébrant : Converte nos. *Chœur:* Et averte, etc.

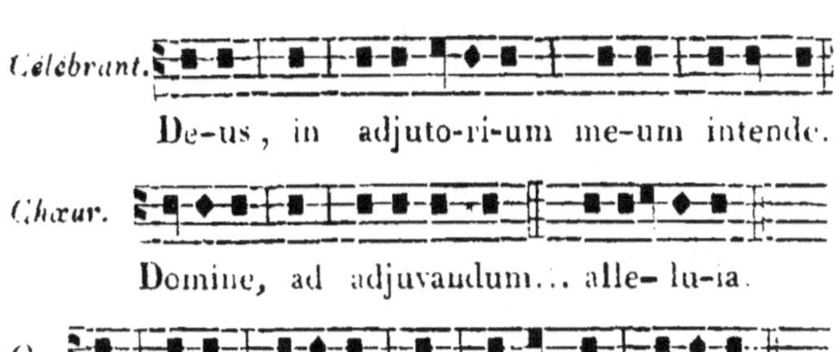

Ou

Laus tibi, Domine, Rex æ-ternæ glori-æ.

Ces deux inflexions décident mieux la terminaison que tout droit.

Allelu-ia. Æternæ.

MANIÈRE DE CHANTER LES ABSOLUTIONS, BÉNÉDICTIONS ET LEÇONS.

Célébrant.

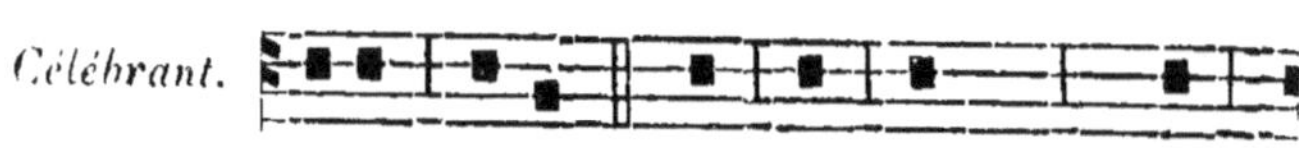

Pater noster. ℣. Et ne nos, etc. in

tentati-onem. ℟. Sed libera nos à malo.

Absolution.

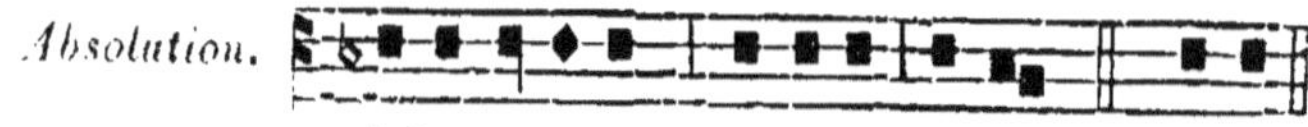

Adaperi- at... colamus e-um. ℟. Amen.

Lecteur.

Jube, domne, benedi-cere.

Bénédiction.

De-us... spiritum sapi-enti-æ. ℟. Amen.

Leçon.

Incipit liber Isa-i-æ prophetæ. Vi-

si-o Isa- i-æ, fi-li-i Amos, etc.

Aux points.

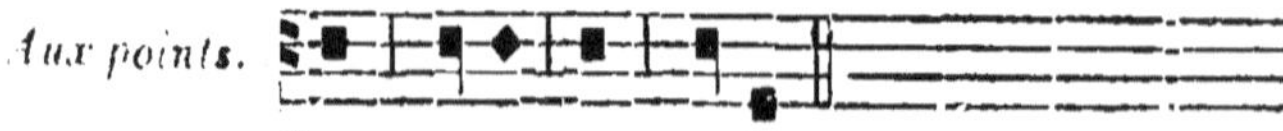

Lux orta est e- is.

Aux mots dactiliques.

Ga-li-le-æ genti-um.

Aux monosyllabes et mots hébreux.

Sicut in di-e Madi-an.

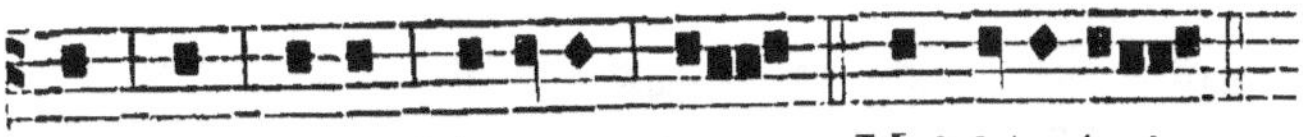

Quod in vobis locutum est. Melchisedech.

Aux points d'interrogation ou d'admiration.

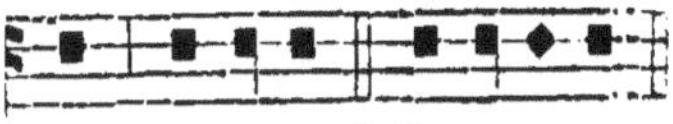

Quid clamabo ? Carissima

in de-lici-is !

Pour finir.

Tu autem, *Ou* Tu autem, Domine,

mise-rere nostrî. ℟. De-o grati-as.

Dans l'Avent.

Hæc dicit Dominus De-us... Salvi

e- ritis.

Dans le temps de la Passion.

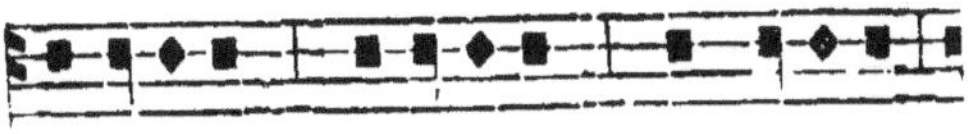

Jerusalem, Jerusalem, convertere

...

ad Dominum De-um tu- um.

Pour les morts.

Et si mane quæsi-eris non sub-

sis- tam. Horror inha- bitat.

MANIÈRE DE CHANTER LE CAPITULE.

Célébrant.

Benedictus... in Christo Jesu.

Aux monosyllabes et mots hébreux.

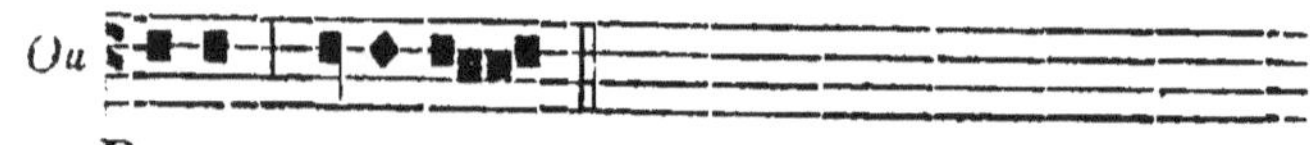

Gaudete enim prope est.

Melchisedech. ℟. De-o grati-as.

Ou

De-o grati-as.

Pour les Oraisons. Célébrant.

Dominus vobiscum, ℟. Et cum

spi-ritu tu-o.

MANIÈRE DE CHANTER L'ÉPITRE.

Il y a trois signes à observer : v, ʌ, v*.

Le premier signifie de baisser la voix d'une tierce mineure.

Le deuxième signifie de hausser la voix d'une tierce mineure.

Le troisième s'emploie à la fin, il signifie addition de quelques notes, comme ci-après.

Sous-diacre.

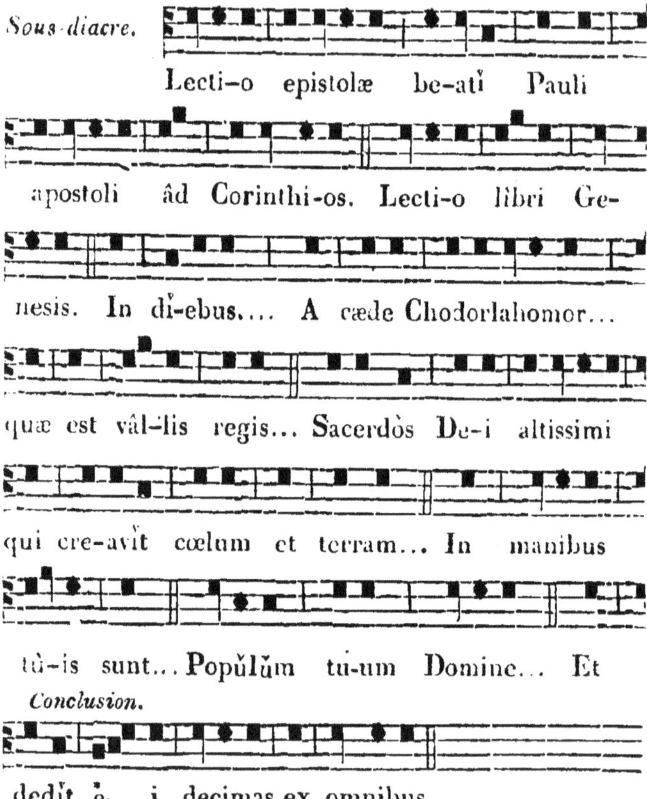

Pour l'Evangile.

Il y a trois signes à observer : v, ⌣, v*, le premier et troisième comme dans l'Epître, et le deuxième qui signifie liaison de trois notes.

Diacre.

Dominus vobis-cum ; ℟. Et cum spiritu

ou *Diacre.*

tu-o. spiritu tu-o. Sequenti-a

sanctĭ Evange-li-i secundùm Matthæ- um.

Chœur. *Diacre.*

Glori-a tibi , Domine. In illo

tempore... et benĕdi-xit , ac fregit... et

ă- it. Dŏ- minus... Jesŭs... Accipĭ-tĕ et

comedite... corpus mĕ- um.. Dicŏ autem vobis...

Conclusion.

vobiscŭm nŏ-vum in regno Patris me-i

GÉNÉALOGIE POUR LE JOUR DE NOEL.

Diacre. *Chœur.*

Dominus vobis-cum. Et cum

spiritu tu– o.
Diacre.
Ini-ti-um... secundùm
Matthæum.
R̸. Glori–a tibi, Domine.
GÉNÉALOGIE POUR LE JOUR DES ROIS.
Diacre.
Dominus vo-bis– cum ;
R̸. Et cum spi-
ritu tu- o.
Diacre.
Sequentia... secundùm Lu–cam.
R̸. Glo- ri–a tibi, Domine.
PRÉFACE.
Célébrant.
Per omnia .. seculorum.
Ch. Amen.
Célébrant.
Dominus vobiscum.
Chœur. Et cum
spiritu tu–o.
Célébrant.
Sursum cor–da.

Chœur.
Habe- mus ad Dominum.
Diacre.
Gratias agamus... Deo nos-tro.
Chœur.
Di-gnum, et justum est.
Pour le samedi de Paques et de la Pentecôte, aux fonts baptismaux.
Célébrant.
Per omnia... seculo-rum.
Ch.
Amen.
Célébrant.
Dominus vobiscum.
Chœur.
Et cum spiritu tu-o.
Célébrant.
Sursum corda.
Chœur.
Habe-mus ad Dominum.
Célébrant.
Gratias... Deo nostro.
Chœur.
Dignum et justum est.

AU PATER.
Célébrant.
Per omnia... seculorum.
Chœur.
Amen.
Célébrant.
Et ne nos.... in tentationem.
Chœur.
Sed libera nos à malo.
Avant l'AGNUS.
Célébrant.
Per omnia... seculorum.
Chœur.
Amen.
A la Messe pontificale,
le diacre dit :
Humiliate vos ad benedictionem.
Chœur.
De-o grati- as.
A chaque Bénédiction,
le chœur répond :
Amen.
A la dernière,
le pontife dit :
Et pax ejus sit semper vobiscum.
Chœur.
Et cum spiritu tu-o.
Le Célébrant
ordinaire dit:
Pax Domini sit semper vobiscum.

DIFFERENS CHANTS DE L'*ITE MISSA EST*.

grati-as.
SOLENNELS-MINEURS.
Diacre.
I- te,
missa est.
Chœur.
De- o gra-
ti-as.
AUTRE.
Diacre.
I-te, mis- sa est
Chœur.
De-o gra- ti-as.
POUR LES DOUBLES.
Diacre.
I- te, mis- sa est.
Chœur.
De- o gra- ti-as.
POUR LES SEMI-DOUBLES.
Diacre.
I- te, mis- sa est.
Chœur.
De- o gra- ti-as.

POUR LES SIMPLES.
Diacre.

Ite, missa est.

Chœur.

De-o grati- as.

Plusieurs chantres font des deux dernières notes, sol la, *une seconde mineure, au lieu d'une majeure.*

POUR LES MORTS.
Diacre.

Requi-escant in pa- ce.

Chœur.

Amen.

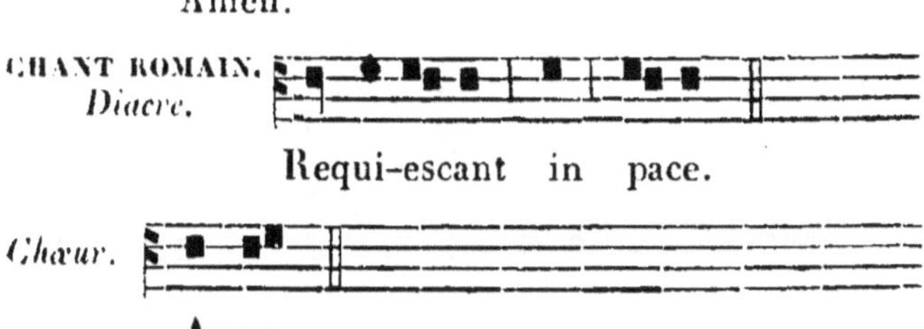

DIFFÉRENS CHANTS POUR LE *BENEDICAMUS.*

grati-as.
AUTRE. Choristes. Diacre.
Be-ne-dicamus Do-
mino.
Chœur.
De- o
dicamus gra-
ti-as.
SOLENNELS. Choristes.
Benedicamus Do-
mino.
Chœur.
De-o dicamus gra-
ti-as.
AUTRE. Choristes.
Bene- dica- mus Do- mino.
Chœur.
De-o gra- ti-as.
POUR LES DOUBLES. Choristes.
Be-ne-di-camus Do- mi-

no. *Chœur.* De- o gra- ti-as.

POUR LES SEMI-DOUBLES.
Choristes.

Benedicamus Do-

mino. *Chœur.* De- o gra- ti-as.

AUTRE POUR LES SEMI-DOUBLES ET LES SIMPLES.

Choristes. Benedi-ca- mus Domino.

Chœur. De-o grati- as.

POUR LES FÉRIES.
Célébrant.

Benedicamus Domino.

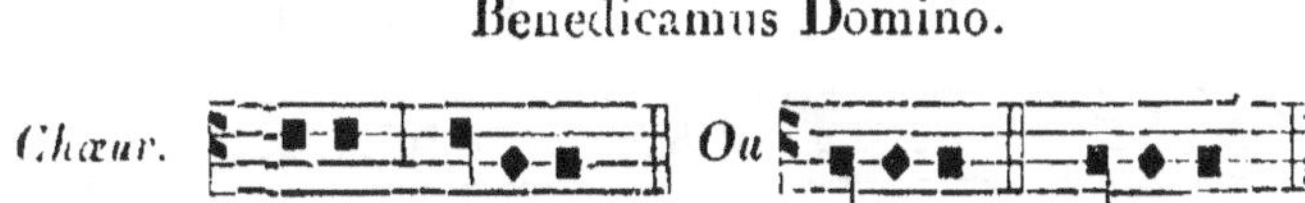

POUR LA BÉNÉDICTION DU SAINT SACREMENT.

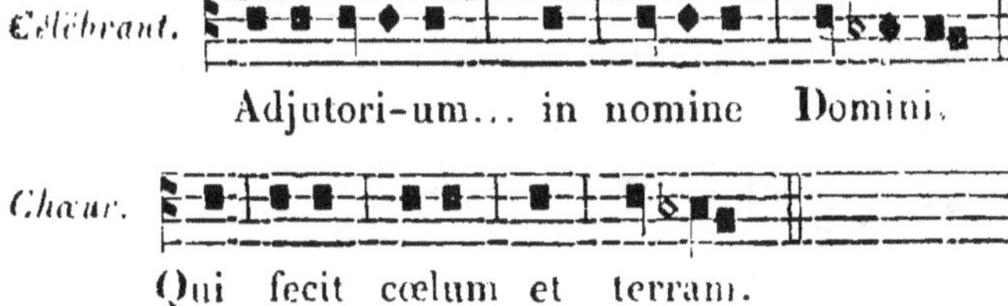

...

Célébrant.
Sit nomen Domini benedictum.
Chœur.
Ex hoc nunc... in seculum.
Célébrant.
Benedicat vos omni-potens De-us,
Pater, et Fili-us, et Spiritus sanctus.
Chœur.
Amen.
CHANTS DES PSAUMES ET DES CANTIQUES.
1er TON EN A DIT IRRÉGULIER.
Intonation.
Laudate Dominum,
omnes gentes, laudate e-um, omnes populi.
Les autres versets.
Glori-a Patri, et Fili-o, et Spiritu-i
Comme conclusion vraie variante.
sancto. Et in secula seculorum. Amen.

Je crois que les variantes suivantes sont abusives.
Et colles. Jordanis.
Opera. A faci-e, etc.
Benedixit domu-i
Isra-el. Dominus super vos.
et non
Dominus
super vos.
AUTRE CHANT. Intonation.
Lauda-te Dominum, omnes gentes.
Spiri-tu-i sancto.
Autres Intonations ou Variantes.
Dixit.
Credidi. Domini est terra. Circumplexi sunt
me.
Différentes terminaisons.
Seculorum. Amen.
d. Seculorum. Amen.
f. Seculorum. Amen.
g. Seculorum. Amen.
g. Seculorum. Amen.

CHANT NOUVEAU.

Les chants marqués par un astérisque * sont de l'auteur.

POUR LES SEMI-DOUBLES ET AU-DESSOUS.

Intonation.

Dixit Dominus Domino me-o.

2° TON EN A DIT IRRÉGULIER.

Lauda- te Dominum, omnes

gentes. Seculorum. Amen. *Les autres versets.* Qui-a

viderunt. Quod parasti. Dominus De-us Isra-el.

Super vos. Circumplexi sunt me. Credidi,

propter quod locutus sum. Conser-va me.

Mieux.

Conserva me, Domine. CANTIQUE. Nunc dimittis

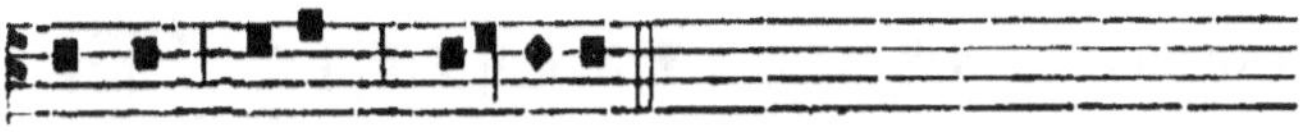

servum tu-um, Domine.

AUTRE CHANT.

Laudate Dominum, omnes gentes.

* *On fait souvent une tierce diminuée au lieu d'une tierce mineure, ce qui le rend pleureur et monotone.*

anima me-a Dominum.
3e TON. E.
Laudate Dominum, omnes gentes. Secu-
Différentes terminaisons.
a.
lorum. Amen. Quoni-am.
Seculo-
à.
b.
rum. Amen.
Seculorum. Amen.
Spiri-
d.
tu-i sancto.
Spi-ri-tu-i sancto.
Intonations.
Credidi propter quod locutus sum.
Domini est terra. Veni- te. Laudate Dominum
de cœlis. Conserva me, Domine. De-us Isra-el.
Terminaisons.
Sicut mons Si-on.
Magna locu-
ti sunt Quæ di-le-xi. Genera-ti-o-nes.

Licence.
Genera-ti-o-nes. Timenti-bus se. Timentibus
se. Quæ dilexi. Frumenti sati-at te.
Ou.
Timentibus se. Omni-um populorum. Omni-
um populorum.
Cantiques.
Benedictus Dominus
De-us Isra-el. Magni- ficat.
4e TON.
Intonation. E.
Lauda-te Dominum, omnes gentes.
Seculorum. Amen. Quoni-am confirmata est.
Seculorum. Amen.
D.
Spiri-tu-i sancto.
a.
Lauda-te Dominum, omnes gentes. Seculorum.
Amen.
A.
Lauda-te Dominum, omnes gentes.

c.
Seculorum. Amen. Seculorum. Amen.
d.
Seculorum. Amen.
CANTIQUES.
Bene-dictus
Dominus De- us Isra-el. Magni-ficat.
Variantes.
ou
Credidi. Credidi, propter quod
locutus sum. Domini est terra. Conserva
me, Domine.
Médiante.
Domine David. Mons
Si-on. Surgere. Ad te, Domine. Domini fi-li-i.
Sororis. Stercora.
Termi-naison.
Escam dedit timen-
Cette manière a l'air de siffler.
ti- bus se. Humi- li-as- ti me. Genera-ti- o- nes.
Mieux.
ou
Genera- ti-o- nes. Genera-ti-o-nes.

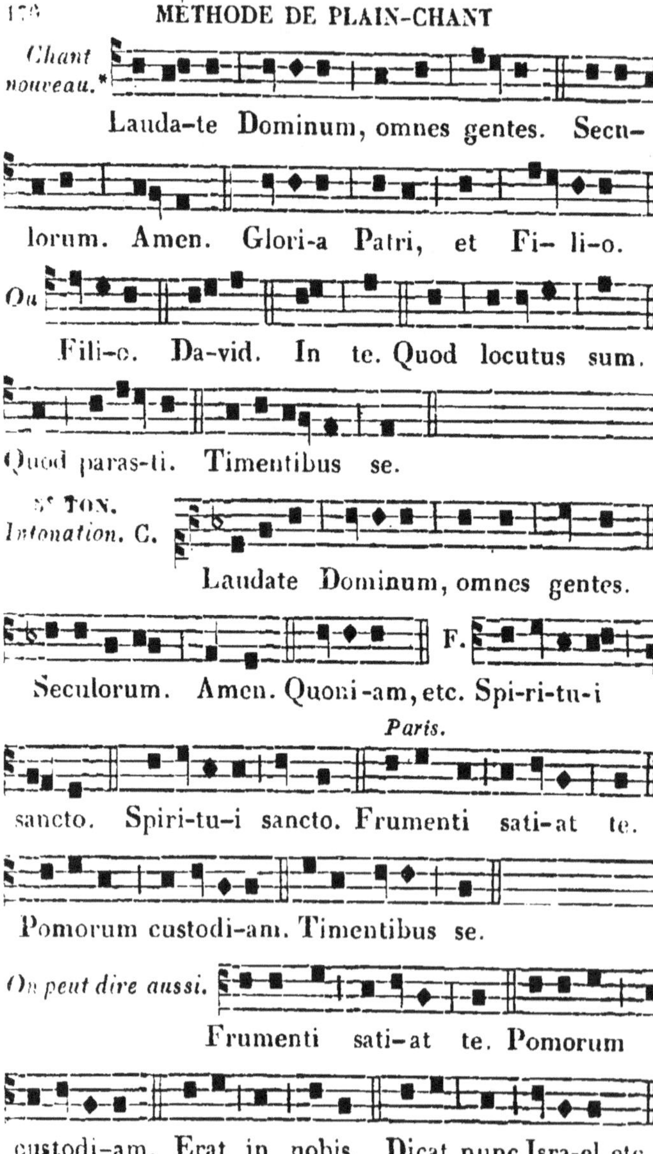
Chant nouveau.*
Lauda-te Dominum, omnes gentes. Secu-
lorum. Amen. Glori-a Patri, et Fi- li-o.
Ou
Fili-o. Da-vid. In te. Quod locutus sum.
Quod paras-ti. Timentibus se.
5e TON.
Intonation. C.
Laudate Dominum, omnes gentes.
Seculorum. Amen. Quoni-am, etc. F. Spi-ri-tu-i
Paris.
sancto. Spiri-tu-i sancto. Frumenti sati-at te.
Pomorum custodi-am. Timentibus se.
On peut dire aussi.
Frumenti sati-at te. Pomorum
custodi-am. Erat in nobis. Dicat nunc Isra-el, etc.

David. Sororis. Stercoris.
Lourd.
Au lieu de
Genera- ti- ones.
Genera-ti- ones.
Bon. La liaison transportée.
Genera-ti-o- nes. Omni-um po-pulorum.
Liaison transportée.
Lourd.
Omni-um populo-rum. Popu-lorum.
*Chant nouveau.**
Laudate Dominum omnes gentes. Secu-
lorum. Amen. Glori-a Patri, et Fili- o.
Quod parasti. Domine David. Salvum me fac.
Humili- asti me.
*Autre.**
Cum invocarem...
justi-ti-æ me-æ, in tribu-la-ti-one di-latasti

mihi.
6e TON dit Royal.
C.
Lauda- te Dominum, omnes gentes.
Seculorum. Amen. Glori–a Patri, et Fi-li–o.
Quâ invoca– verimus te.
Ou
Quâ invocave-ri-
mus te. Quod parasti. Domine David.
Intonation.
Conserva me, Domine.
CANTIQUE.
Bene–dictus Dominus De- us Isra-el.
Magni- ficat anima me–a Dominum.
Ou
Ma-
gni- ficat.
C.
Lauda- te Dominum, omnes
gentes. Seculorum. Amen.

CANTIQUES.

Bene- dictus Dominus De- us Is-

ra-el. Magni- ficat. F Lauda-te Dominum,

omnes gentes. Spiri-tu-i sancto. F. Spiri-

tu-i sancto.

CANTIQUES.

Bene-dictus Dominus De-us Is-ra-

el. Magni- ficat. *Nouveau.* * Lauda-te

Dominum, omnes gentes. Seculorum. Amen.

Ou Seculorum. Amen. Spiri-tu-i sancto.

7e TON. G.
Intonation.

Lauda- te Dominum, omnes gentes.

Seculorum. Amen. Glori-a Patri, et Fili- o.

...

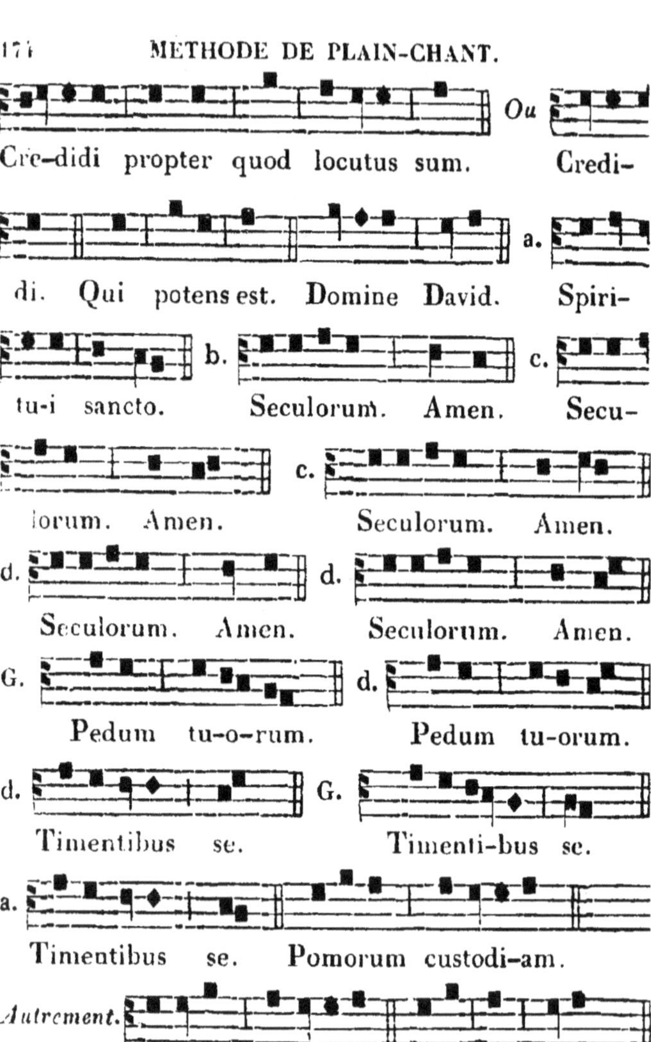
Ou
Cre-didi propter quod locutus sum. Credidi. Qui potens est. Domine David.
a. Spiri-
tu-i sancto.
b. Seculorum. Amen.
c. Secu-
lorum. Amen.
c. Seculorum. Amen.
d. Seculorum. Amen.
d. Seculorum. Amen.
G. Pedum tu-o-rum.
d. Pedum tu-orum.
d. Timentibus se.
G. Timenti-bus se.
a. Timentibus se. Pomorum custodi-am.
Autrement. Pomorum custodi-am. Erat in nobis, etc.
Dicat nunc Isra-el.
CANTIQUE.
Magni- ficat

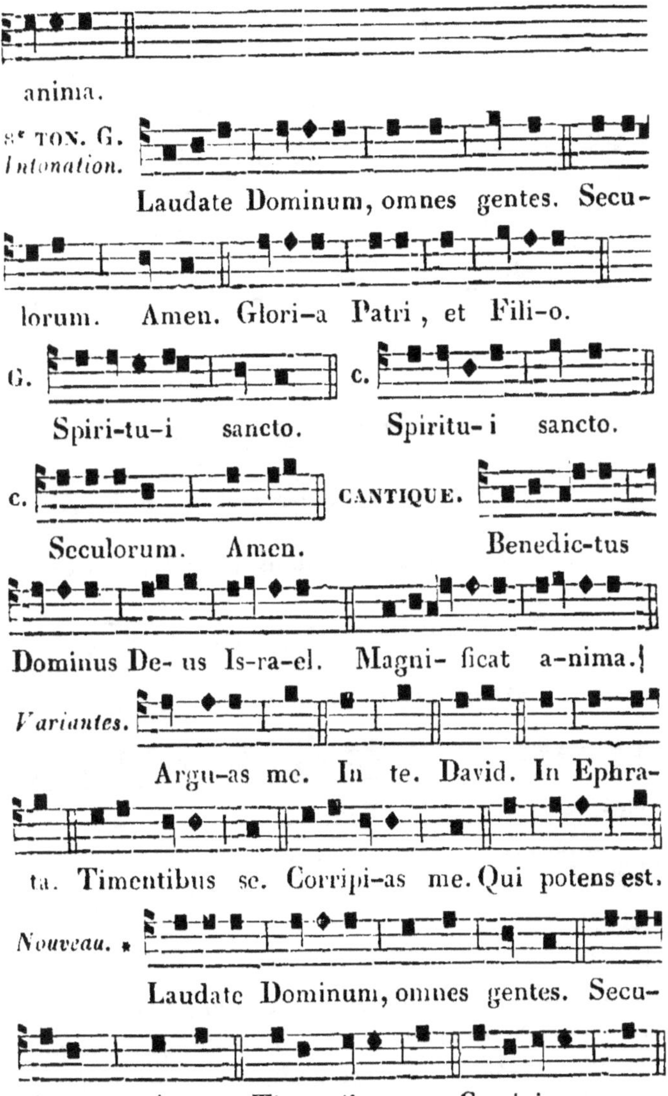
anima.
8e TON. G.
Intonation.
Laudate Dominum, omnes gentes. Secu-
lorum. Amen. Glori-a Patri, et Fili-o.
G.
Spiri-tu-i sancto.
C.
Spiritu-i sancto.
C.
Seculorum. Amen.
CANTIQUE.
Benedic-tus
Dominus De-us Is-ra-el. Magni-ficat a-nima.
Variantes.
Argu-as me. In te. David. In Ephra-
ta. Timentibus se. Corripi-as me. Qui potens est.
Nouveau. *
Laudate Dominum, omnes gentes. Secu-
lorum. Amen. Timentibus se. Corripi-as me.

A Vêpres, les Psaumes commencent par la dominante comme aux semi-doubles. Le Cantique comme à l'ordinaire. Pour le De profundis *en faux-bourdon, voy. à la fin.*

GRANDES ANTIENNES DITES A L'APPROCHE DE NOEL, SUIVIES DU MAGNIFICAT.

Le chœur poursuit dans le ton de *Re* ordinairement, ou *Mi*, etc.

Deposu-it po- tentes de se-de, etc.

Esuri-entes imple- vit bo-nis, etc.

Suscepit Isra-el pu- erum su- um, etc.

Sicut locutus est ad pa-tres nostros, etc.

Ici on dit l'Antienne sans imposition.

Choriste du côté gauche.

Glori- a Pa-tri, et Fi- li-o.

Le Chœur achève.

Côté droit.

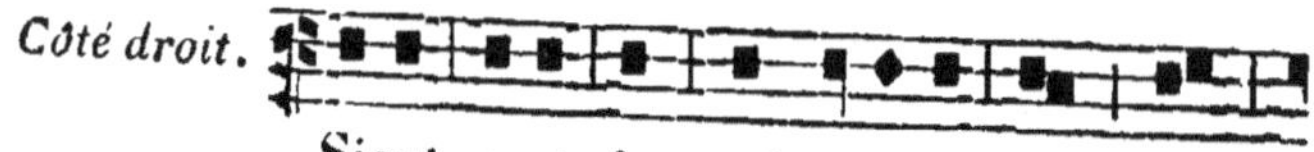

Sicut erat in principi-o, et nunc,

et semper.

On répète l'Antienne ci-dessus avec imposition.

℣. Adjutor meus et protector meus tu es.
℟. Deus meus, ne tardaveris.

Si c'est un Samedi, on dit le ℣. *du Samedi avant le Dimanche suivant, ensuite l'Oraison, et le* Benedicamus *des solennels-mineurs.*

MISERERE.

* Il faut quelquefois tronquer le chant lorsque la psalmodie ou quantité y gagne.

coram te fe- ci, ut justi–fice-ris in sermo–
nibus tu–is et vincas cùm judica- ris.
Ecce enim in iniquita-tibus conceptus
sum, et in peccatis concepit me mater
me– a. Ecce enim veri-tatem di-le–xis- ti :
incerta et occulta sapi-enti-æ tu–æ manifes-
tasti mi-hi. Asperges me hyssopo et mun-
dabor; lavabis me, et super nivem de-alba-
bor. Auditu-i me–o dabis gaudi-um et læ-
ti- ti-am, et exultabunt ossa hu–mili-a– ta.

Averte faci-em tu-am à pecca- tis me- is,
et omnes iniquitates me- as de- le. Cor
mundum cre-a in me, De- us; et spiritum
rectum innova in vis-ce- ribus me- is. Ne
pro-jici-as me à faci- e tu- a; et
Spiritum sanctum tu-um ne au- feras à me.
Redde mihi læti- ti-am salu-taris tu- i, et
spiritu princi-pa- li confirma me. Docebo ini-
quos vi- as tu- as, et impi-i ad te conver-
tentur. Libera me de sanguinibus, De-us,

De-us sa-lu-tis me-æ; et exultabit lingua
me-a jus-ti- ti-am tu- am. Domine, labi-a
me-a a-pe- ri-es, et os me-um annunti-a-
bit laudem tu- am. Quoni-am si volu-isses
sacri-fici-um dedis-sem u-tique; holocaustis
non delecta-beris. Sacri-fici-um De-o spiritus contri-bula- tus; cor contritum et humili-
atum, De-us, non despi-ci-es. Benigne fac,
Domine, in bona voluntate tu-a Si- on; ut
ædi-ficentur mu-ri Jeru- salem. Tunc accep-

℣. Ostende nobis, Domine, misericordiam tuam;
℟. Et salutare tuum da nobis.

FAUX-BOURDONS POUR LES FÊTES SOLENNELLES.

1er TON.

Enfans de Chœur.

Le Peuple.

Chœur ou Chantres.

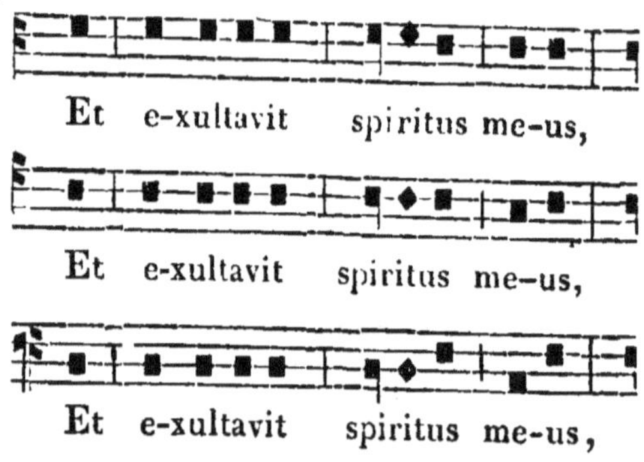

Autre finale.

2e TON.

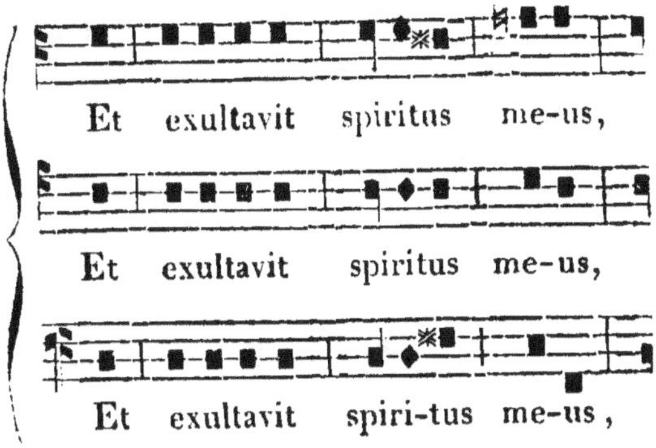

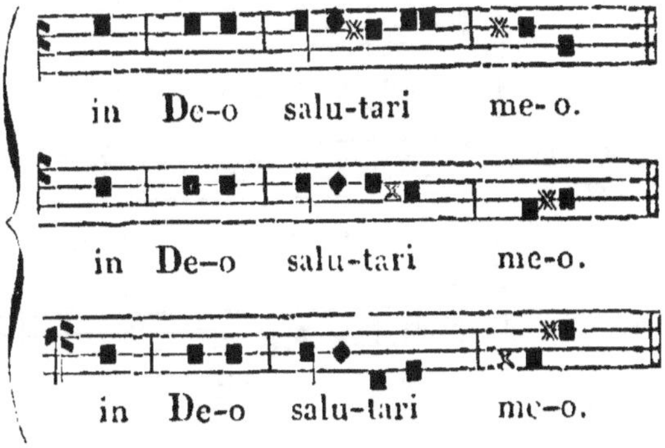

Et exultavit spiritus me-us,

Et exultavit spiritus me-us,

Et exultavit spiri-tus me-us,

in De-o salu-tari me-o.

in De-o salu-tari me-o.

in De-o salu-tari me-o.

Id. *Noté.*

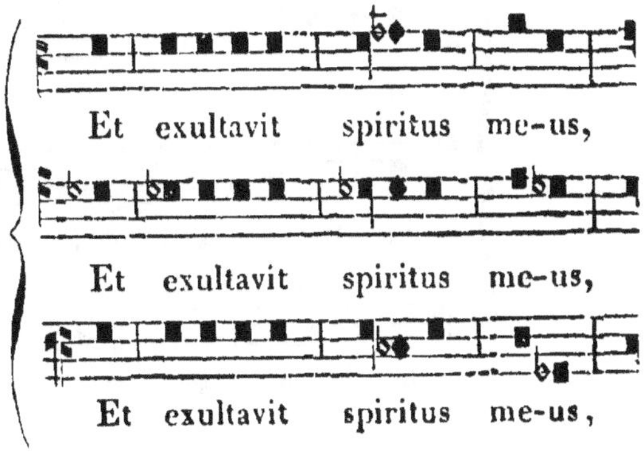

Et exultavit spiritus me-us,

Et exultavit spiritus me-us,

Et exultavit spiritus me-us,

...

2e TON.
Noté.

Id. *dit irré-gulier.*

Autre commencement.

3e TON. Noté.

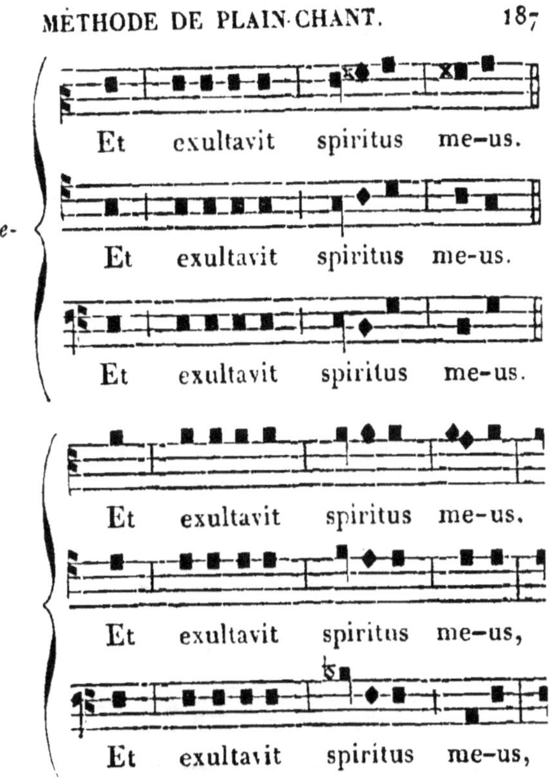

4e TON.

A Notre-Dame de Paris, on n'en chante point du 4e ton.

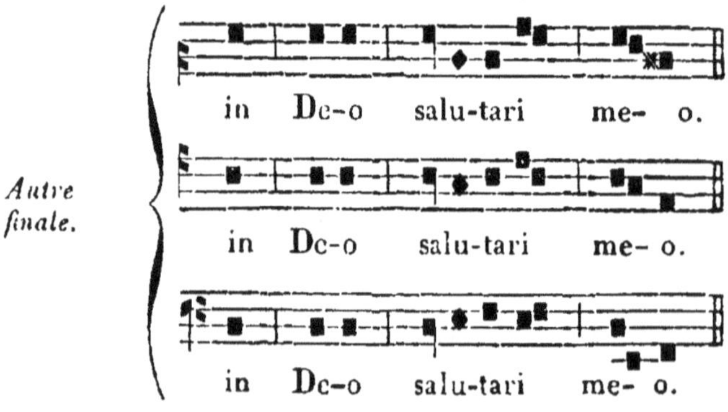

5e TON.

Autre finale.

in De-o salu-tari me-o.

AUTRE 5e TON.

Autre. Le chant baissé d'une tierce.

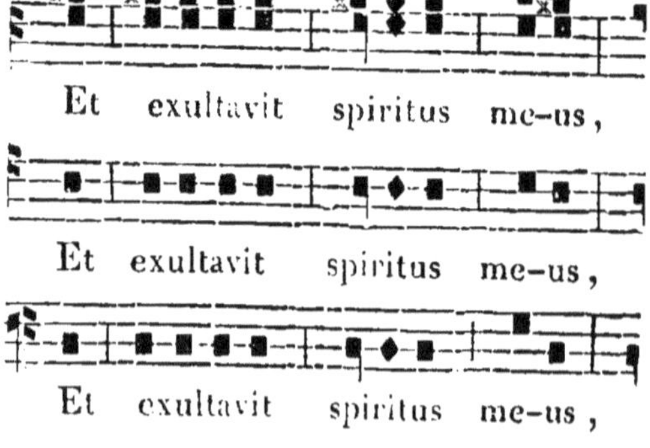

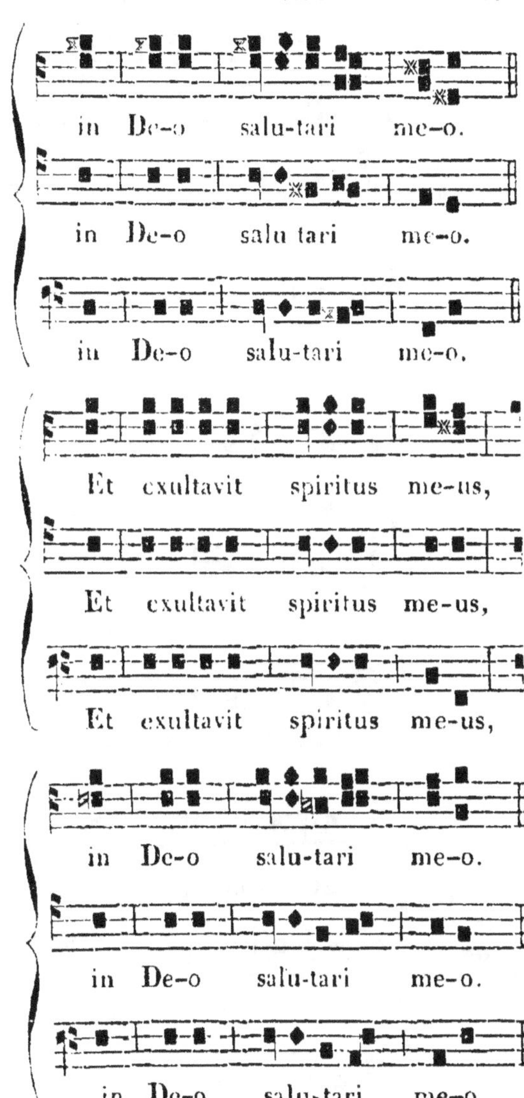
in De-o salu-tari me-o.
in De-o salu tari me-o.
in De-o salu-tari me-o.
Et exultavit spiritus me-us,
Et exultavit spiritus me-us,
Et exultavit spiritus me-us,
in De-o salu-tari me-o.
in De-o salu-tari me-o.
in De-o salu-tari me-o.

6e TON.
Noté.

6e TON
dit royal.
Noté.

7e TON.
Noté.

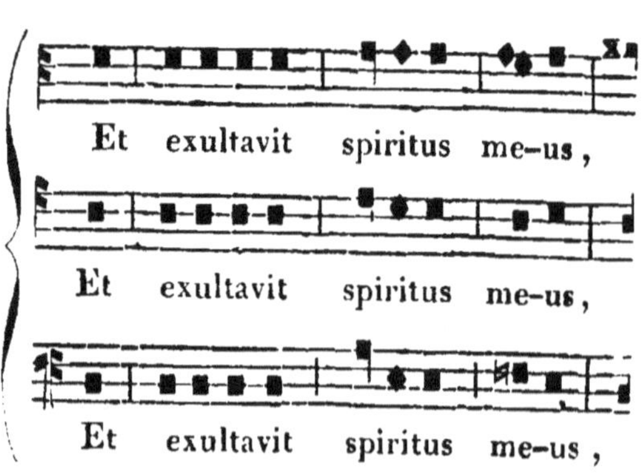

* Ici les deux quintes ne font pas mauvais effet; elles ne sont pas dans le même membre de phrase.

8e TON.
Et exultavit spiritus me-us.
Et exultavit spiritus me-us,
Et exultavit spiritus me-us,
in De-o salu-tari me- o.
in De-o salu-tari me- o.
in De-o salu-tari me- o.
1er TON
nouveau *
Et exultavit spiritus me-us,
Et exultavit spiritus me-us,
Et exultavit spiritus me-us,

Autre finale

Autre basse.

2e TON
nouveau *

Autre.
Basse. *

5e TON
nouveau. *

Autre Basse. *

3e TON nouveau *

6e TON
nouveau *

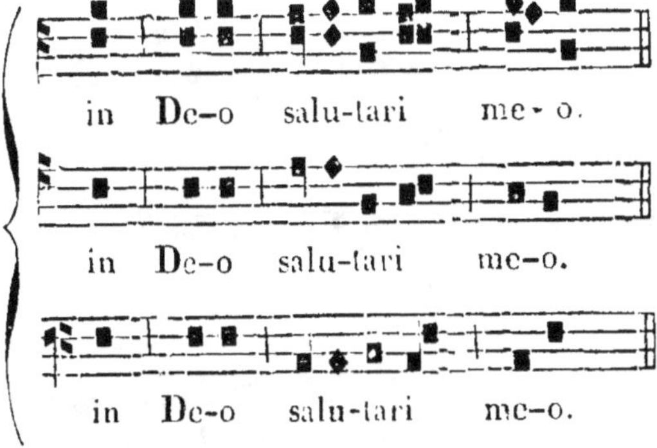

1er TON
irrégulier.

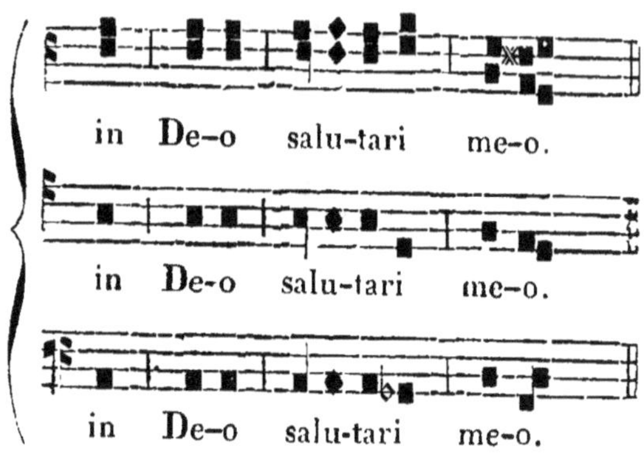

MISERERE.

Mi-serere me-î, De- us, secundùm

Mi-serere me-î, De- us, secundùm

Miserere me- î, De- us, secundùm

magnam mise-ricor- di-am tu- am.

magnam mise-ricor- di-am tu- am.

magnam mise-ricor-di-am tu-am.

Préface.

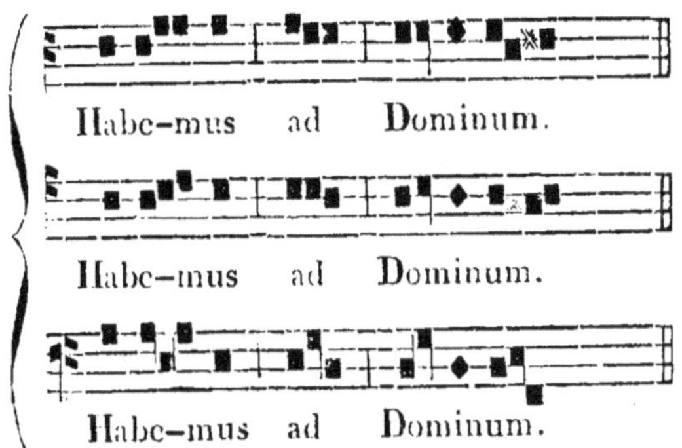

Bénédiction.

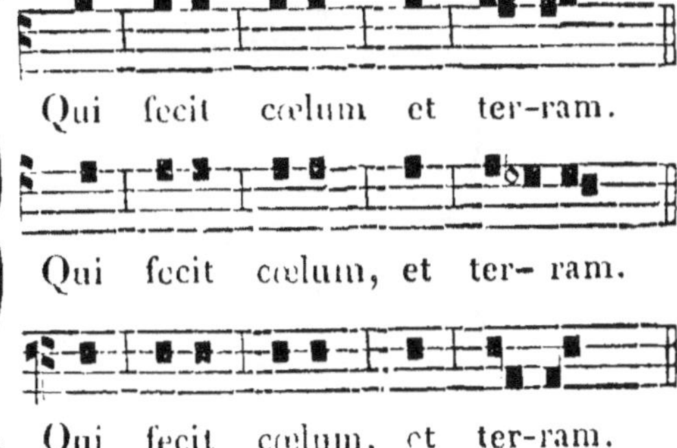

seculum. Amen.

Amen.

Ou bien. Amen.

Amen.

PROSE DES MORTS. A QUATRE PARTIES.

Lacrymosa di-es illa, quâ
Lacrymosa di-es illa, quâ
Lacyrmosa di-es illa, quâ
resurget ex favilla.
resurget ex favilla.
resurget ex favilla.
Pi-e Jesu Domine, dona e- is
Pi-e Jesu Domine, dona e- is
Pi-e Jesu Domine, dona e- is

PIE JESU.

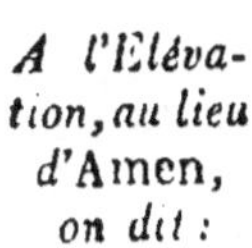

De profundis.

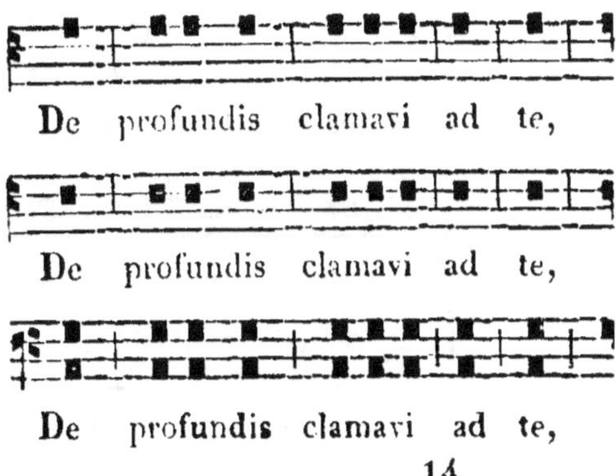

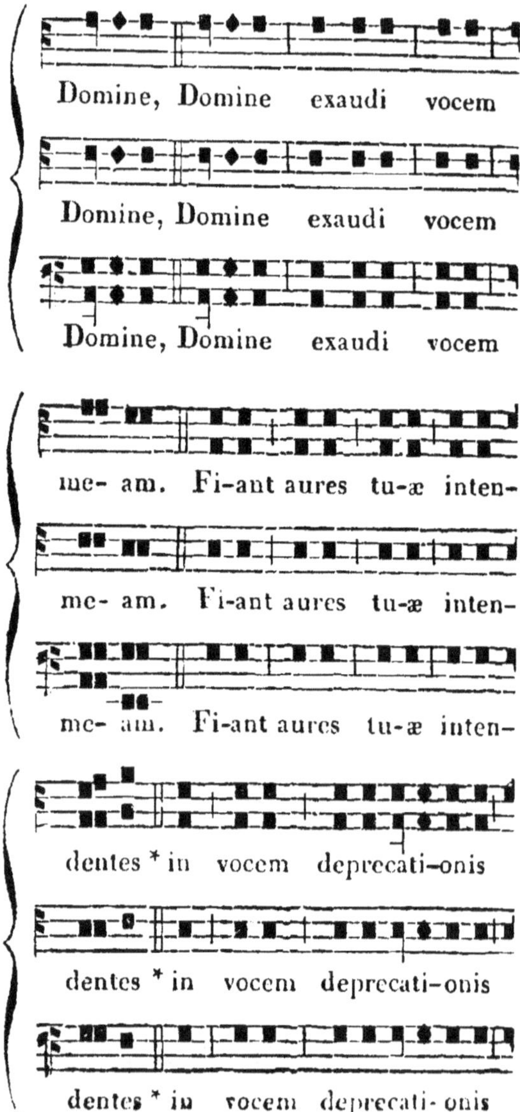
Domine, Domine exaudi vocem
Domine, Domine exaudi vocem
Domine, Domine exaudi vocem
me- am. Fi-ant aures tu-æ inten-
me- am. Fi-ant aures tu-æ inten-
me- am. Fi-ant aures tu-æ inten-
dentes * in vocem deprecati-onis
dentes * in vocem deprecati-onis
dentes * in vocem deprecati-onis

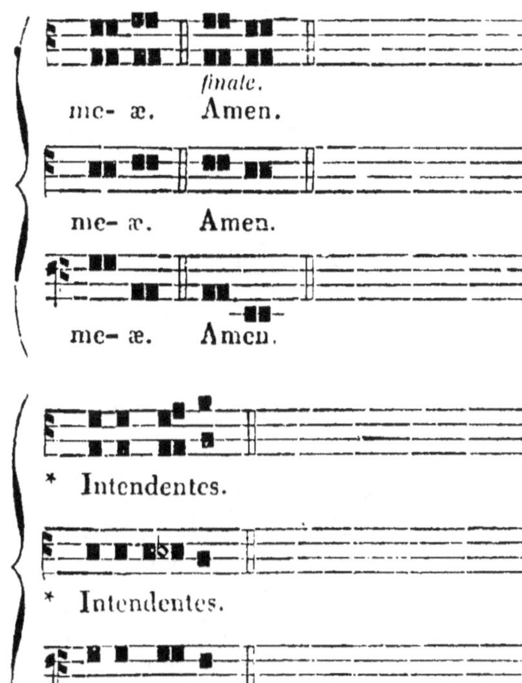

De même des autres versets.

Deus in adjutorium meum intende.

Le Célébrant prendra sur le la *le* Deus in adjutorium meum intende.

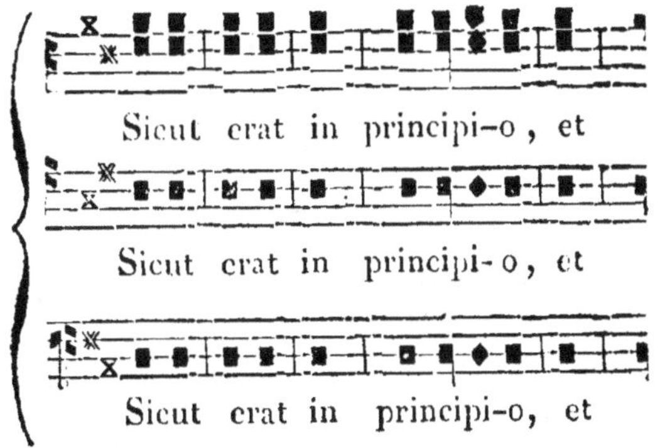
Sicut erat in principi–o , et
Sicut erat in principi- o, et
Sicut erat in principi-o, et

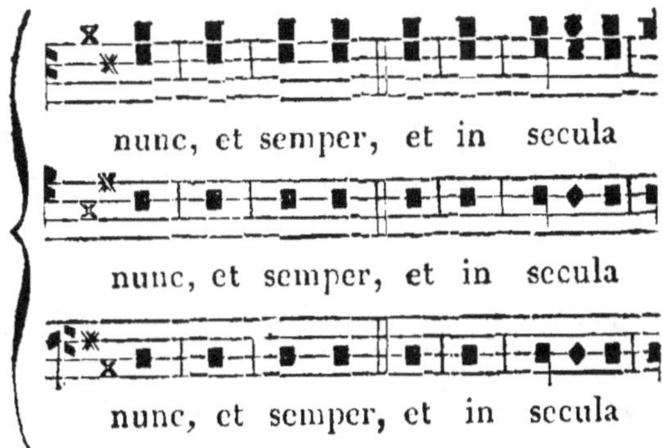
nunc, et semper, et in secula
nunc, et semper, et in secula
nunc, et semper, et in secula

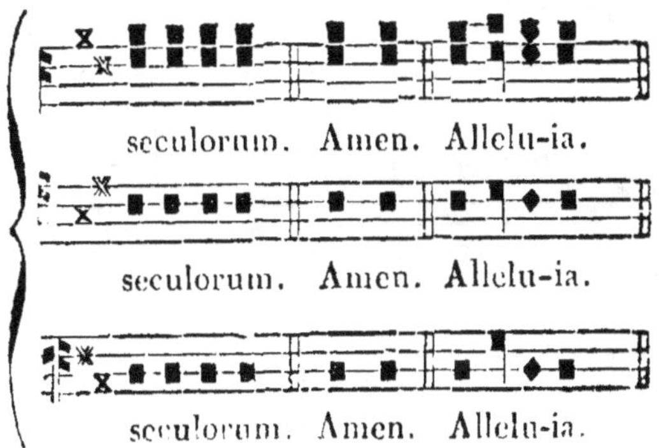
seculorum. Amen. Allelu-ia.
seculorum. Amen. Allelu-ia.
seculorum. Amen. Allelu-ia.

FAUX-BOURDONS

POUR L'ORGUE.

CHANT DANS LA BASSE.

Ier Ton. — Les versets finissent en *ut* mineur.

IIe Ton. — Les versets finissent en *mi* mineur.

IIe Ton dit *irrégulier.* — Les versets finissent en *mi* mineur.

IIIe Ton. — Les versets finissent en *mi* mineur.

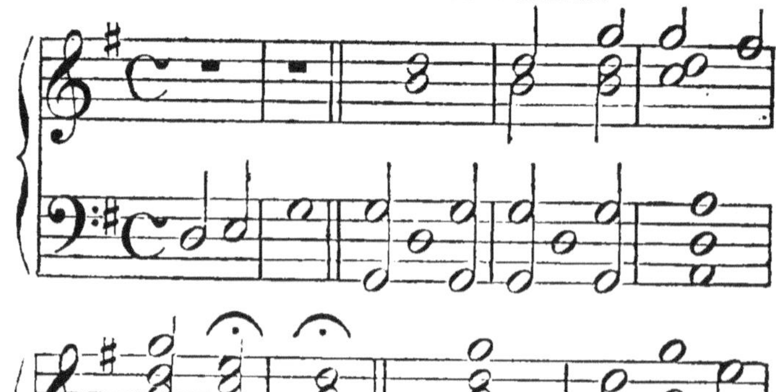

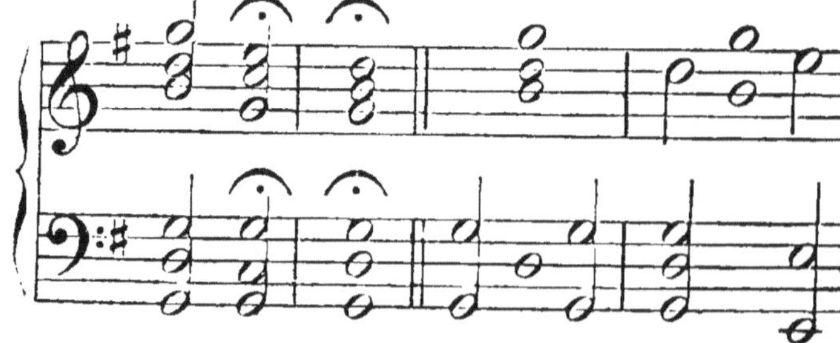

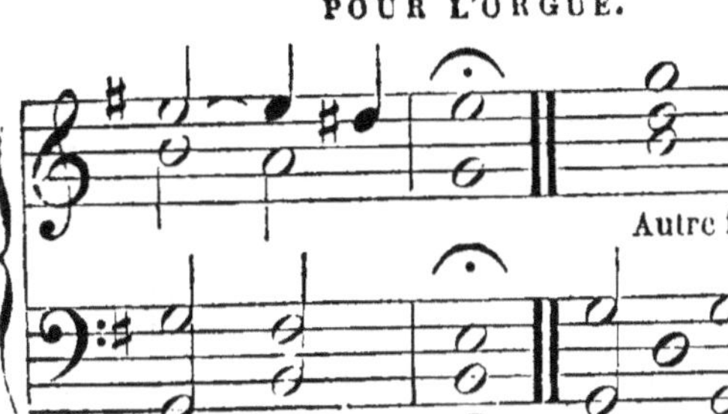

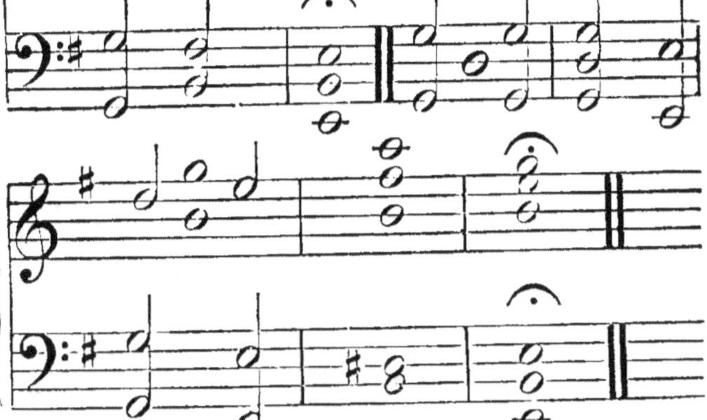

IVe Ton. — Les versets finissent en *sol* mineur.

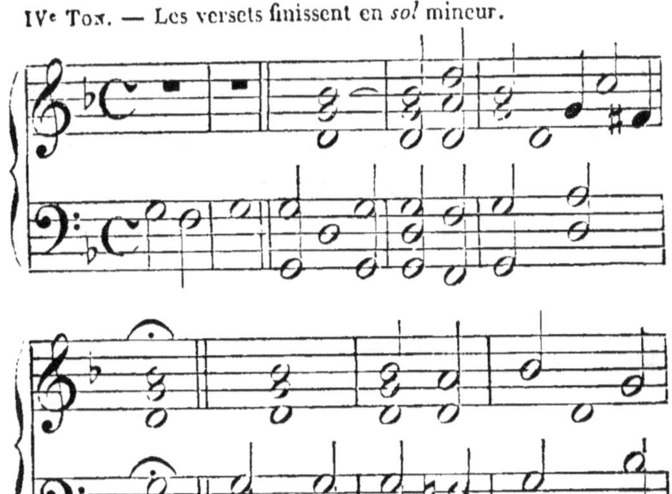

Ve Ton. — Les versets finissent en *ut* majeur.
Ve Ton. — Les versets finissent en *ut* majeur.

VIe Ton. — Les versets finissent en *mi* ♭ majeur.
VIe Ton dit *royal*. — Les versets finissent en *mi* ♭ majeur.

VIe TON. — Les versets finissent en *mi* ♭ majeur.

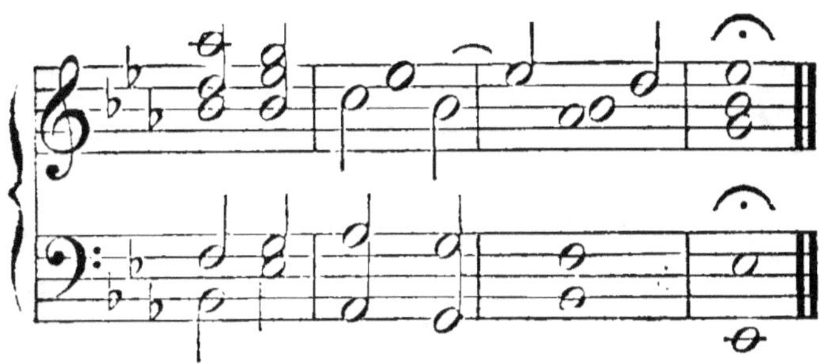

VIIe Ton. — Les versets finissent en *ut* majeur.

VIIIe Ton. — Les versets finissent en *sol* majeur.

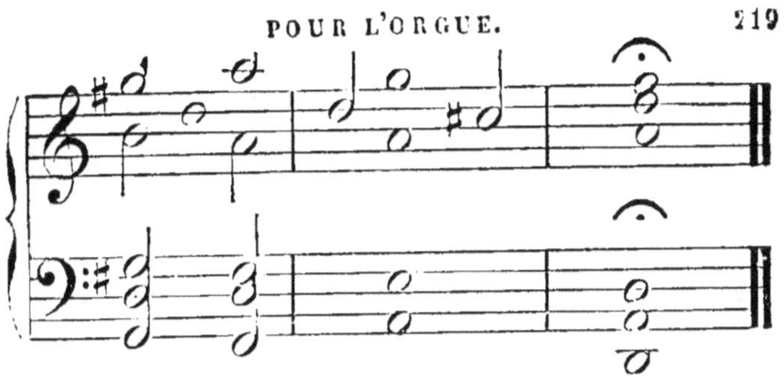

CHANT DANS LA PARTIE SUPÉRIEURE.

1er Ton. — Les versets finissent en *ré* mineur.

Ier Ton. — Les versets finissent en *ré* mineur.

IIe Ton. — Les versets finissent en *fa* ♯ mineur.

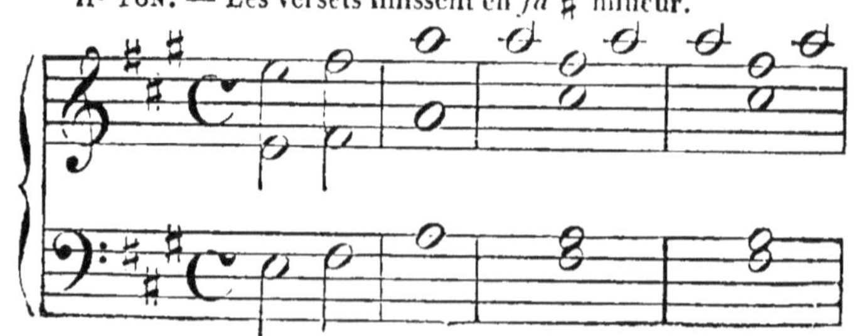

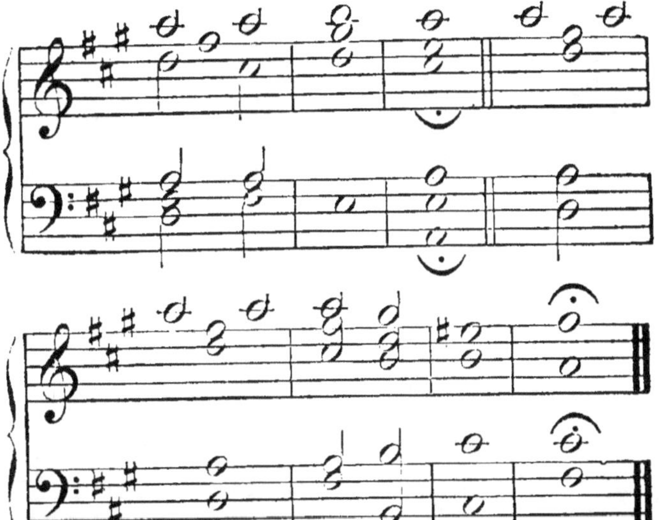

II[e] Ton. — Les versets finissent en *fa* ♯ mineur.

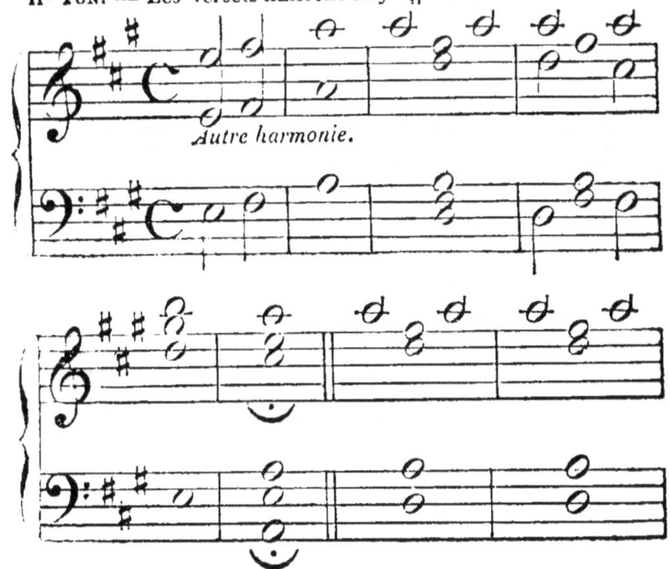

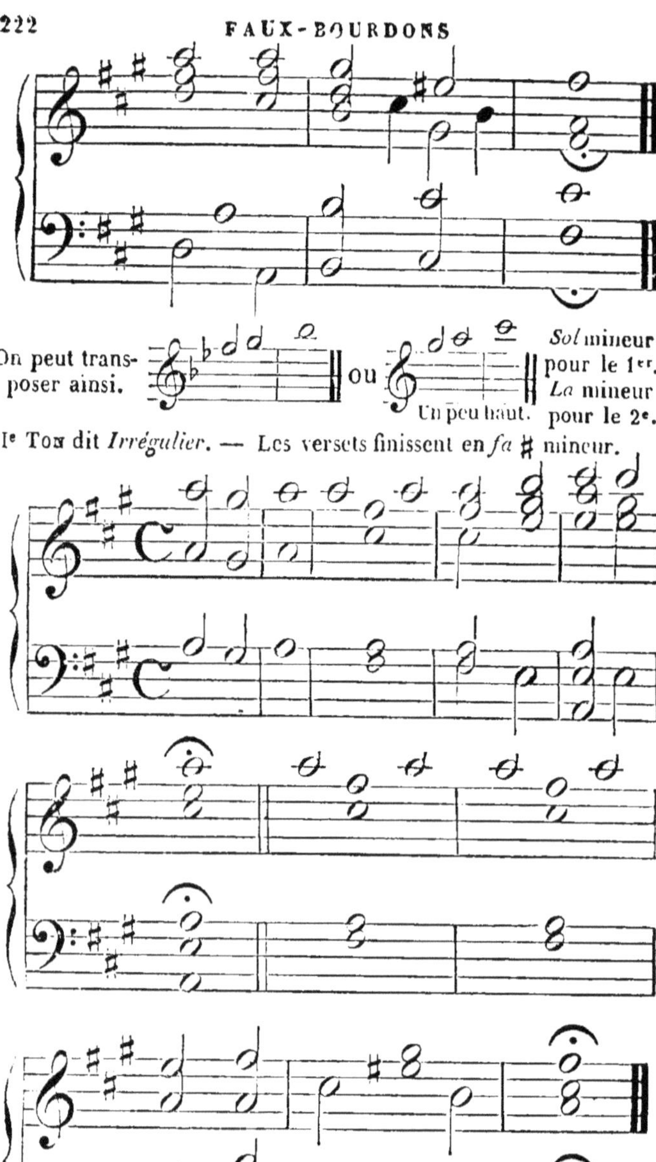
On peut transposer ainsi.
ou
Un peu haut.
Sol mineur pour le 1er. *La* mineur pour le 2e.
IIe Ton dit *Irrégulier*. — Les versets finissent en *fa* ♯ mineur.

IIe Ton. — Les versets finissent en *fa* ♯ mineur.

Autre harmonie.

IIIe Ton. — Les versets finissent en *fa* ♯ mineur.

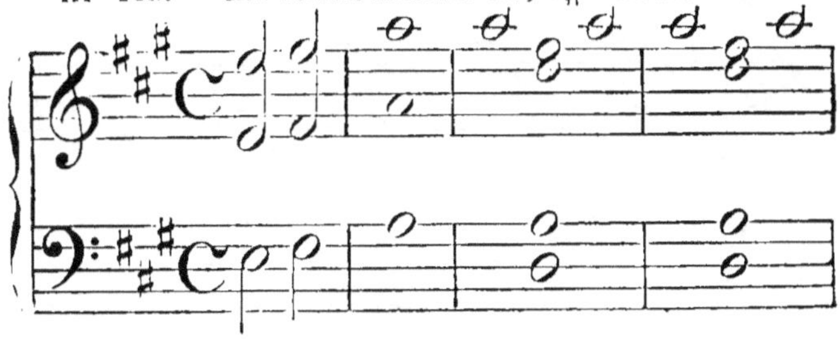

IIIe Ton. — Les versets finissent en *la* mineur.

IVe Ton. — Les versets finissent en *la* mineur.

Ve Ton. — Les versets finissent en *ré* majeur.

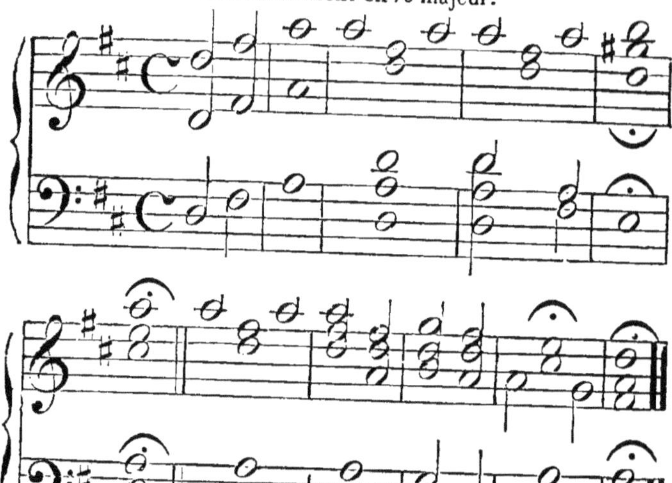

Ve Ton. — Les versets finissent en *ré* majeur.

Ve Ton. — Les versets finissent en *ré* majeur.

Ve Ton. — Les versets finissent en *ré* majeur.

VIe Ton. — Les versets finissent en *fa* majeur.

VIe Ton dit *royal*. — Les versets finissent en *fa* majeur.

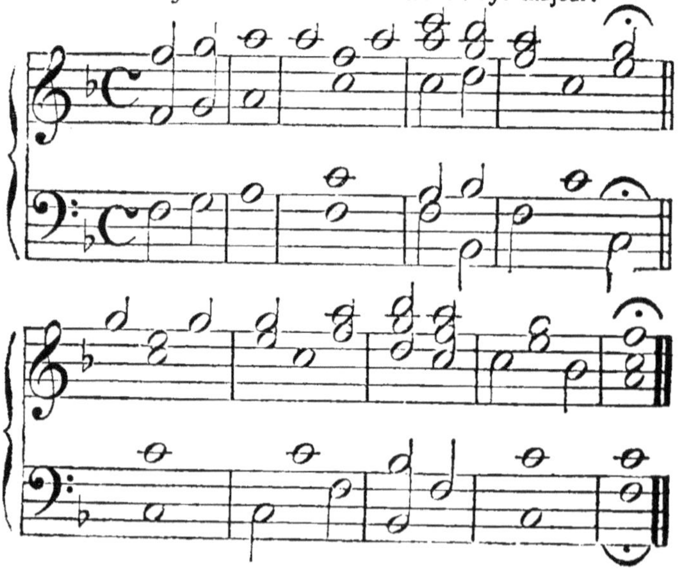

VIIe TON. — Les versets finissent en *ré* majeur.

Nota. Les deux quintes ne font pas mauvais effet; si on veut les éviter, on peut intercaler cette mesure.

VIIe TON. — Les versets finissent en *ré* majeur.

VIIIe Ton. — Les versets finissent en *ré* majeur.

VIIIe Ton. — Les versets finissent en *ut* majeur.

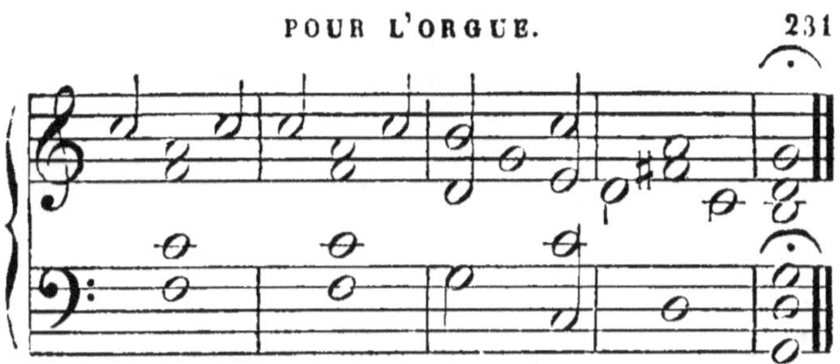

Ier TON NOUVEAU. — Les versets finissent en *ré* mineur.

IIe Ton nouveau. — Les versets finissent en *fa* ♯ mineur.

Ve Ton nouveau. — Les versets finissent en *ré* majeur.

Vᵉ Ton nouveau. — Les versets finissent en *ré* majeur.

FIN DES FAUX-BOURDONS.

· MOTET.

ADESTE FIDELES

ni - te, a - do - - re-mus, ve - - ni - te, a - do - - re-mus, Ve -

ni - te, a - do - - re-mus, ve - ni - te, a - do - - re-mus, Ve -

Ve - ni - te, a - do - - re-mus, Ve -

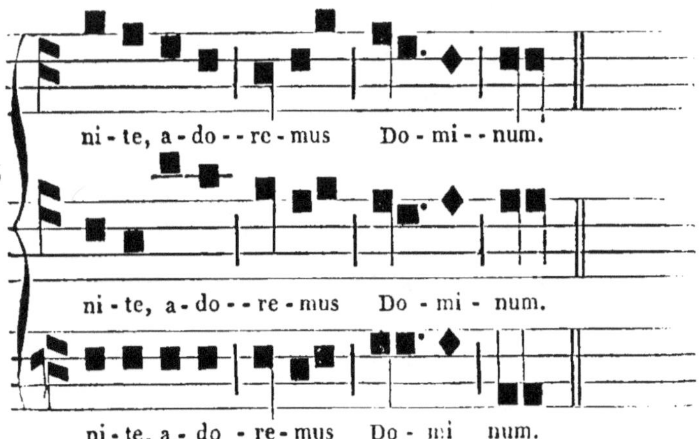

ABRÉGÉ

DES

PRINCIPES DE MUSIQUE.

DES LIGNES.

Il y a cinq lignes qui, réunies, se nomment *portée*. On peut en ajouter de petites selon l'étendue des voix et des instruments.

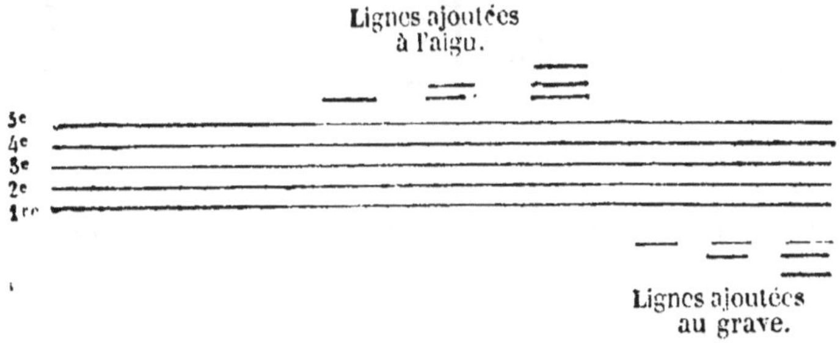

Lignes ajoutées
à l'aigu.

5e
4e
3e
2e
1re

Lignes ajoutées
au grave.

La cinquième ligne a été inventée en 1338 par Jean de Muris, docteur et chanoine de Paris. Il inventa de nouvelles notes telles que ronde, blanche, noire, croche, et il fixa leurs valeurs; il inventa les clefs, etc., etc. Alors la musique commença à prendre un nouvel essor; auparavant elle ressemblait à du plain-chant, composé à peu près de notes d'égale valeur.

DES CLEFS.

Il y a trois clefs :

La clef d'*ut* ,

La clef de *sol* 𝄞,

La clef de *fa* 𝄢.

La clef d'*ut* se pose sur les 1re, 2e, 3e et 4e lignes;
La clef de *sol* se pose sur les 1re et 2e lignes;
La clef de *fa* se pose sur les 3e et 4e lignes.

La note placée sur la ligne où est la clef en prend le nom.

DES NOTES.

Il y a sept notes qui sont : *ut*, *ré*, *mi*, *fa*, *sol*, *la*, *si;* on répète la première note huit degrés plus haut pour compléter la gamme.

GAMME.

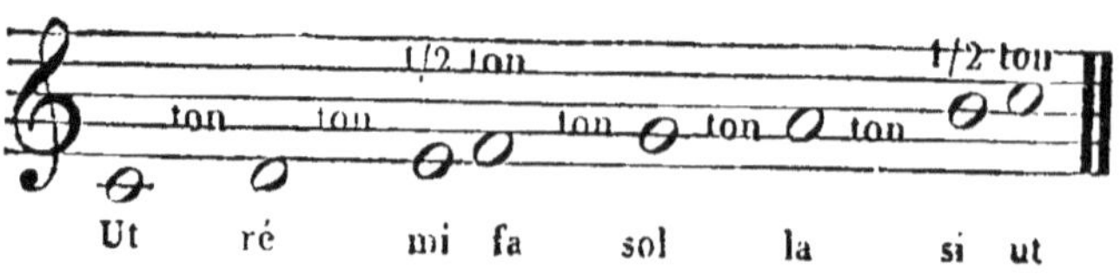

DE LA FIGURE DES NOTES ET DE LEUR VALEUR.

Il y a sept figures de notes.

La ronde.......... 𝅝,

La blanche........ 𝅗𝅥,

La noire.......... ♩,

La croche......... ♪,

La double croche... 𝅘𝅥𝅯,

La triple croche.... 𝅘𝅥𝅰,

La quadruple croche 𝅘𝅥𝅱.

La ronde 𝅝 vaut 2 blanches 𝅗𝅥, ou 4 noires ♩, ou 8 croches ♪, ou 16 doubles croches 𝅘𝅥𝅯, ou 32 triples croches 𝅘𝅥𝅰, ou 64 quadruples croches 𝅘𝅥𝅱.

La blanche 𝅗𝅥 vaut deux noires ♩, ou 4 croches ♪, ou 8 doubles croches 𝅘𝅥𝅯, ou 16 triples croches 𝅘𝅥𝅰, ou 32 quadruples croches 𝅘𝅥𝅱.

La noire ♩ vaut 2 croches ♪, ou 4 doubles croches 𝅘𝅥𝅯, ou 8 triples croches 𝅘𝅥𝅰, ou 16 quadruples croches 𝅘𝅥𝅱.

La croche ♪ vaut 2 doubles croches 𝅘𝅥𝅯, ou 4 triples croches 𝅘𝅥𝅰, ou 8 quadruples croches 𝅘𝅥𝅱.

La double croche 𝅘𝅥𝅯 vaut 2 triples croches 𝅘𝅥𝅰, ou 4 quadruples croches 𝅘𝅥𝅱.

La triple croche 𝅘𝅥𝅰 vaut 2 quadruples croches 𝅘𝅥𝅱.

DES SILENCES ET DE LEURS VALEURS.

Il y a sept silences : la pause, la demi-pause, le soupir, le demi-soupir, le quart de soupir, le demi-quart de soupir, le seizième de soupir.

Rapport de la note avec son silence.

DU POINT.

Le point après une note ou un silence fait augmenter de moitié la note ou le silence qui précède.

Point après la note.

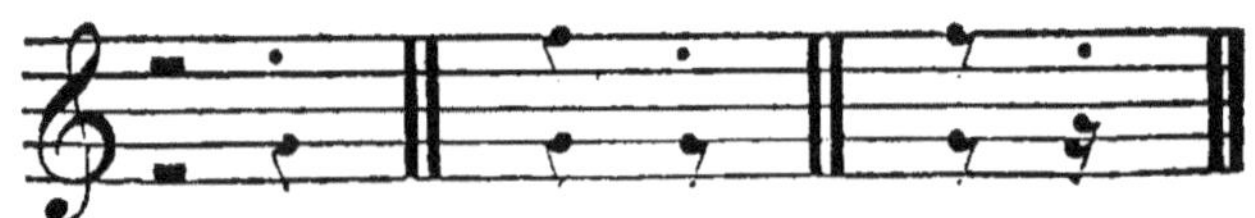

Point après le silence.

DES SIGNES ALTÉRATIFS.

Il y a trois signes altératifs :
Le dièse ♯,
Le bémol ♭,
Le bécarre ♮.

DES DIÈSES.

On peut mettre sept dièses à la clef. On se sert rarement des sept. Ils se nomment *fa*, *ut*, *sol*, *ré*, *la*, *mi*, *si*.

Les dièses sont placés de quinte en quinte en montant ou de quarte en quarte en descendant. Ils gardent toujours le même ordre étant à la clef; ils affectent ou altèrent toutes les notes qui portent leur nom, tant à l'aigu qu'au grave. Ils peuvent se mettre indistinctement dans le cours d'un morceau; mais ceux-ci ne servent que pour la mesure dans laquelle ils se trouvent; c'est pourquoi on les appelle accidentels.

Le dièse hausse la note d'un demi-ton, et le double-dièse hausse d'un demi-ton la note déjà affectée d'un dièse.

DES BÉMOLS.

On peut aussi mettre sept bémols à la clef. Ils se nomment *si*, *mi*, *la*, *ré*, *sol*, *ut*, *fa*.

Les bémols sont placés de quarte en quarte en montant ou de quinte en quinte en descendant. Ils gardent toujours le même ordre étant à la clef. Ils affectent ou altèrent toutes les notes qui portent leur nom, tant a l'aigu qu'au grave. Ils peuvent se mettre indistinctement dans le cours d'un morceau.

Le bémol baisse la note d'un demi-ton, et le double bémol baisse d'un demi-ton la note déjà affectée d'un bémol.

DU BÉCARRE.

Le bécarre, ♮, ne se met jamais à la clef; mais dans le cours d'un morceau, on peut mettre autant de bécarres que l'on veut ôter de dièses ou de bémols.

Le bécarre sert à remettre la note altérée dans son ton naturel, en l'élevant ou la baissant d'un demi-ton.

Exemple sur l'altération.

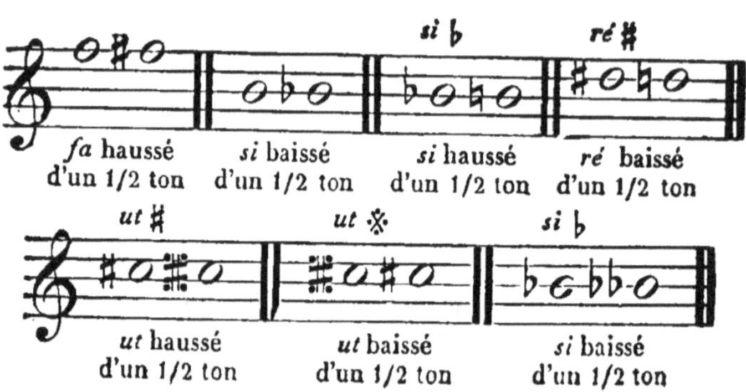

DE LA MESURE.

Il y a trois sortes de mesures : la mesure à deux, à trois et à quatre temps.

MANIÈRE DE LA BATTRE.

La mesure à deux temps se fait par deux mouvements de la main ; l'un en frappant et l'autre en levant, comme :

Dans la mesure à trois temps, la main fait un mouvement en frappant pour le premier temps, se porte à droite pour le second et lève pour le troisième.

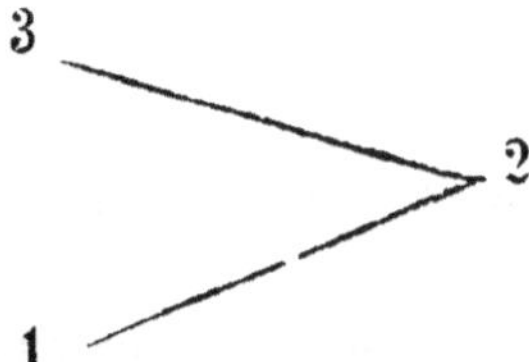

Dans la mesure à quatre temps, la main fait un mouvement en frappant pour le premier temps. se porte à gauche pour le second, puis à droite pour le troisième, enfin se lève pour le quatrième.

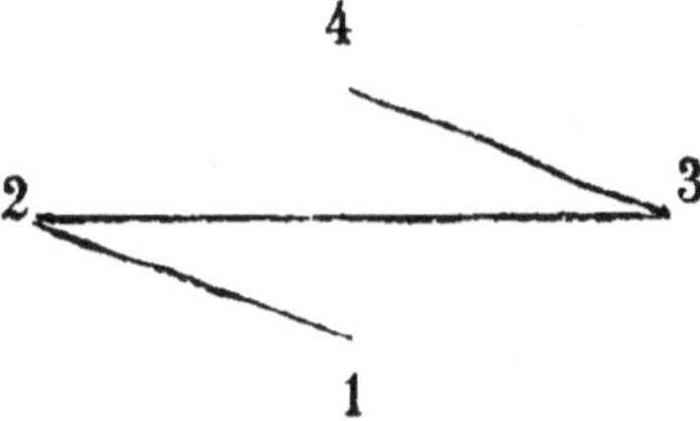

Observez bien que toutes les mesures commençent par le premier temps, c'est-à-dire en frappant de la main.

Il arrive souvent que la première mesure n'est pas complète, il faut donc compter les temps qui manquent.

On entend par mesure ce qui est intercalé entre deux petites barres. Ces barres se nomment barres de mesure, de séparation, de division; s'il y en a deux, barres de terminaison. S'il y a des points à côté, cela signifie de repéter, de redire ce qui les a précédés.

Barres de séparation, de terminaison, de répétition ou reprises.

Il y a huit manières de marquer les principales mesures.

1° La mesure à quatre temps se marque par un grand C ou un 4 (ce chiffre n'est point adopté généralement) ou par ce nouveau signe 4 (avec une noire). Il faut une ronde, ou deux blanches, ou quatre noires, ou leurs valeurs, pour chaque mesure. *Voyez* ci-après.

2° La mesure à deux temps se marque par un ₵ barré ou 2, ou 2 (avec une blanche). Il faut une ronde, ou deux blanches, etc., etc. C'est la même chose que la précédente, mais le mouvement est plus vif.

3° La mesure à deux temps se marque aussi par $\frac{2}{4}$ ou 2 (avec une noire). Il faut deux quarts de ronde ou deux noires pour la mesure.

4° La mesure à trois temps se marque par un 3 ou $\frac{3}{4}$ ou 3 (avec une noire). Il faut trois quarts de ronde ou trois noires pour la mesure.

5° Cette mesure se marque aussi par $\frac{3}{8}$ ou 3 (avec une croche). Il faut trois huitièmes de ronde ou trois croches pour la mesure.

MESURES COMPOSÉES.

6° La mesure à $\frac{6}{8}$ ou 6 ♪ dérive de celle à deux temps ; il faut six huitièmes de ronde ou six croches pour la mesure.

7° La mesure à $\frac{9}{8}$ ou 9 ♪ dérive de celle à trois temps ; il faut neuf huitièmes de ronde ou neuf croches pour la mesure.

8° La mesure à $\frac{12}{8}$ ou 12 ♪ dérive de celle à quatre temps ; il faut douze huitièmes de ronde ou douze croches pour la mesure.

Une croche pour un temps.

Trois croches pour un temps.

Trois croches pour un temps.

Trois croches pour un temps.

DU TRIOLET.

Le triolet signifie de faire trois notes de même valeur au lieu de deux; il se marque du chiffre 3, et si le triolet est double on le marque du chiffre 6. C'est une licence, parce que les valeurs sont hors des règles ordinaires.

Trois pour deux. Six pour quatre.

On rencontre quelquefois sept notes pour six, neuf, dix, onze, etc., etc., pour huit. Ces sortes de passages s'écrivent toujours par un chiffre qui en marque le nombre ; au lieu que les triolets ordinaires se chiffre rarement.

DE LA GAMME.

La gamme majeure est composée de cinq tons, comme d'*ut* à *ré*, de *ré* à *mi*, de *fa* à *sol*, de *sol* à *la*, de *la* à *si*.

Et deux demi-tons, comme de *mi* à *fa* et de *si* à *ut*.

Le ton est composé : d'un demi-ton mineur chromatique ou de quatre comas ;

Et d'un demi-ton majeur diatonique ou de cinq commas, ce qui fait neuf commas.

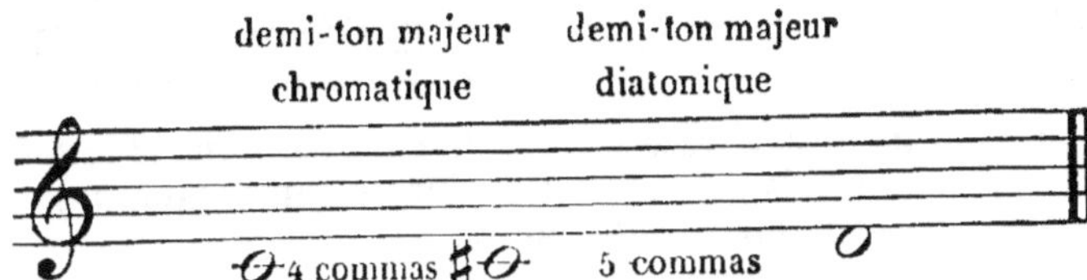

Comme nous avons deux demi-tons majeurs dans la gamme, il en résulte que ces deux demi-tons surpassent d'un comma le ton ordinaire.

Le demi-ton diatonique, appelé majeur, est formé de deux notes différentes, comme *si ut*, *fa*♯ *sol*, *la si*♭.

Le demi-ton chromatique appelé mineur est formé de deux notes de même nom, comme d'*ut* à *ut*♯, de *ré*♭ à *ré*♮, de *fa*♯ à *fa* ※.

Le demi-ton diatonique peut annoncer ou être la note sensible d'un mode, au lieu que le demi-ton chromatique ne peut l'être.

Entre les deux notes *ut* et *ut* ♯, l'*ut* naturel n'est point la note sensible de *ut* ♯, mais *si* ♯. Cet ut est plus bas d'un huitième de ton que le *si*♯. L'*ut* naturel ne peut être sensible que de *ré*♭.

MODÈLE DES GAMMES MAJEURES.

ton ton 1/2 ton ton ton 1/2 ton 1/2 ton ton ton 1/2 ton ton ton

MODÈLE DES GAMMES MINEURES.

ton 1/2 ton ton ton 1/2 ton ton et demi 1/2 ton

1/2 ton ton et demi 1/2 ton ton ton 1/2 ton ton

On peut dans la vitesse faire le *fa* ♯ en montant et le *sol* naturel en descendant pour ôter la dureté d'intonation qu'il y a de *fa* à *sol* ♯, ou de *sol* ♯ au *fa*.

Exercice.

Mode majeur d'*ut*.

Exercice.

Mode mineur de *la*.

Il faut, avant de chanter une leçon :

1° faire l'une des gammes et exercices ci-dessus, afin de bien se pénétrer du mode ;

2° Il faut s'accoutumer de bonne heure à connaître les phrases, à respirer à propos ;

3° A connaître les temps forts et les temps faibles.

Dans la mesure à quatre temps, le premier et le troisième temps sont forts, le deuxième et le quatrième faibles. Dans la mesure à trois temps, le premier temps est fort et les deux autres faibles. Dans la mesure à deux temps, le premier temps est fort et le second faible.

4° A connaître une cadence finale ; si elle procède du temps faible au temps fort elle est bonne, et le contraire si elle procède du fort au faible.

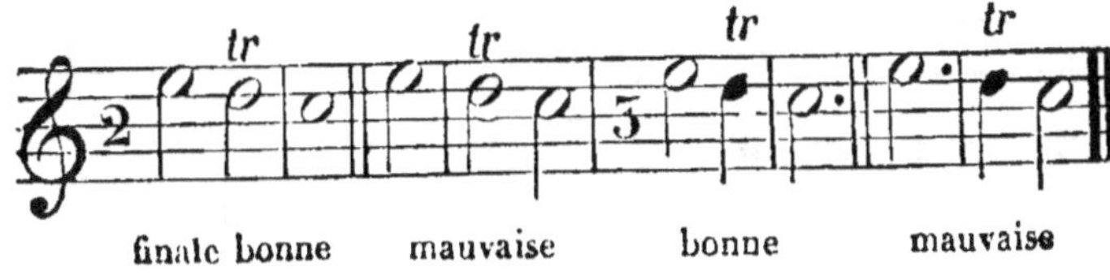

DES MODES OU TONS.

Voyez ce que nous avons dit ci-dessus à ce sujet.

Il y a deux modes : le mode majeur et le mode mineur.

Pour savoir dans quel mode l'on est, il y a quatre choses à observer :

1° Les signes qui sont à la clef ;
2° La note finale dite tonique ;
3° La tierce au-dessus de la note finale ;
4° La note sensible du mode.

1° S'il n'y a ni dièses ni bémols à la clef, on est dans le mode majeur d'*ut* ou dans le mode mineur de *la*.

2° La finale est donc *ut* ou *la*.

3° La tierce est de deux sortes, ou majeure ou mineure.

La tierce majeure est composée de deux tons, comme *ut mi*.

La tierce mineure est composée d'un ton et demi, comme *la ut*.

C'est la tierce qui caractérise le mode.

Si de la tonique à la tierce il y a deux tons, le mode est *majeur.*

Si de la tonique à la tierce il y a un ton et demi, le mode est *mineur.*

4° La note sensible est toujours à un demi-ton au-dessous de la tonique. Il faut toujours un signe altératif à côté de la note sensible dans le mode *mineur,* au lieu que l'altération, dans le mode majeur, ne se marque pas à côté de ladite note.

C'est cette altération du mode mineur qui décide dans lequel des deux modes on est.

Quelques morceaux font leur repos sur le *sol* ou le *mi,* quintes des deux modes, appelées dominantes; cela se trouve fréquemment dans le Solfége d'Italie, etc.

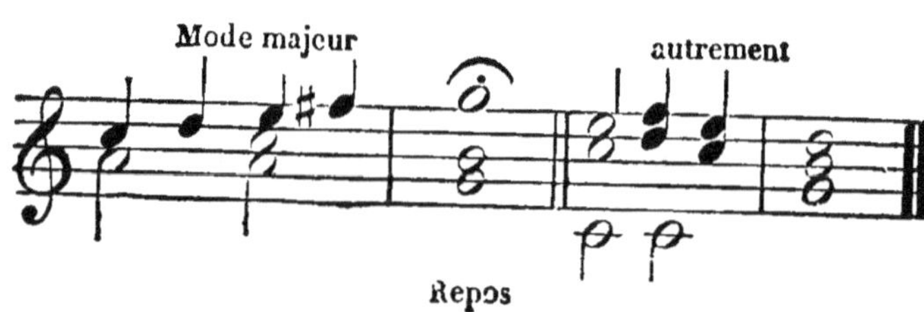

Pour savoir dans quel Mode on est lorsqu'il y a des dièses à la clef.

Lorsqu'il y a des dièses à la clef, on prend la note au-dessus ou au-dessous du dernier dièse. La note prise au-dessus indique la tonique du mode majeur, et celle prise au-dessous indique la tonique du mode mineur. Ainsi lorsqu'il y a un dièse à la clef, on est en *sol* majeur ou en *mi* mineur. Pour décider lequel des deux modes, on regarde au commencement ou vers la fin si l'on rencontre la note sensible du mode mineur, car c'est elle qui décide le mode et doit toujours porter un signe altératif. Cette note sensible pourrait bien ne pas se trouver dans un chant de courte durée, mais l'accompagnement et la tournure de chant la feront assez connaître et entendre; un peu d'expérience mettra vite au fait.

Règles pour connaître et se rappeler facilement toutes les notes sensibles.

Première règle. Toute tonique naturelle exige un dièse à la note sensible.

Deuxième règle. Toute tonique diésée exige un double dièse à la note sensible.

Troisième règle. Toute tonique bémolisée exige une note naturelle à la note sensible, excepté *fa*, *mi*, *ut*, *si*, qui sont du même genre; c'est-à-dire si le *fa* est diésé, le *mi* sera aussi diésé; si l'*ut* est bémolisé, le *si* sera aussi bémolisé; si l'*ut* est naturel, le *si* sera aussi naturel, ou désigné par un bécarre.

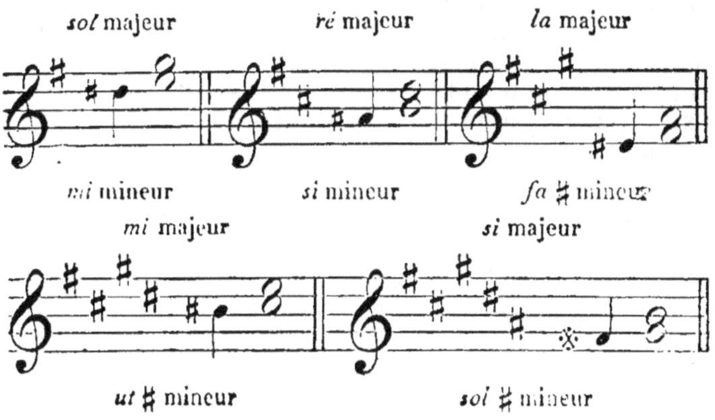

La note noire désigne la note sensible du mode mineur; elle doit toujours avoir un signe altératif. Le dernier dièse posé à la clef désigne la note sensible du mode majeur.

Pour les Bémols.

Lorsqu'il y a des bémols à la clef, on prend la tierce et la quinte au-dessus du dernier bémol; la tierce indique la tonique du mode mineur, et la quinte celle du mode majeur.

Règle facile à saisir.

On se figure les cinq lignes ci-dessus. Si le bémol ou dernier bémol est placé sur une ligne, les notes des deux lignes suivantes en montant désignent les deux modes; l'inférieure, la tonique du mode mineur, et la supérieure celle du mode majeur. Ainsi dans le premier exemple on sera en *ré mineur* ou en *fa majeur*. Si le dernier bémol est dans un interligne, on prend les notes des deux interlignes suivans (même opération que ci-dessus); on sera en *ut mineur* ou en *mi ♭ majeur*.

La note noire désigne la note sensible du mode mineur : elle doit toujours avoir un signe altératif.

Origine du Dièse et du Bémol.

D'après la gamme naturelle, les six premières notes ont comme accord la quinte juste, composée chacune de trois tons et demi ; mais la quinte de la septième note est diminuée, c'est-à-dire est composée de deux tons et de deux demi-tons. Il a fallu, pour rendre cette dernière quinte égale aux autres, chercher un moyen de lui ajouter le demi-ton qui lui manque par celui du dièse ainsi figuré ♯, que l'on a mis auprès du *fa*, à sa gauche. Ce signe ♯ signifie hausser la note d'un demi-ton, ou le bémol ainsi figuré ♭, que l'on a mis de même à gauche de la note, signifie baisser la note d'un demi-ton.

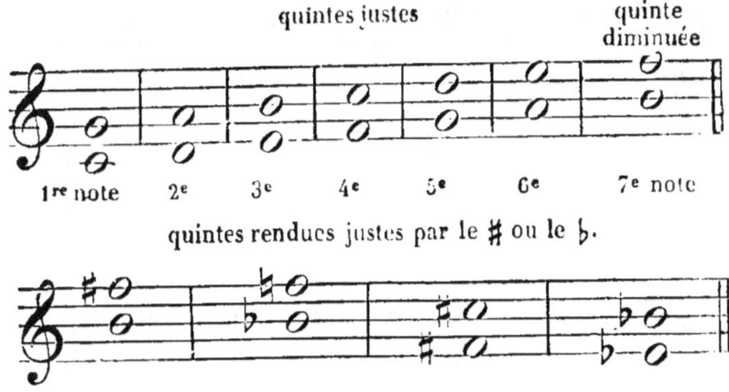

Le *fa* ♯ trouvé, il a fallu hausser la note *ut* pour avoir sa quinte juste *fa* ♯ *ut* ♯ en montant, ainsi de suite. Pour le bémol, il a fallu baisser la note *mi* pour avoir également sa quinte juste *si* ♭ *mi* ♭ en descendant, etc., etc.

DE LA LIAISON.

La liaison, ainsi figurée ⁀, peut se mettre sur toutes les notes indifféremment; mais la liaison dite syncope se met sur deux notes du même nom, dont la première commence au levé et finit au frappé de la mesure, ou du temps foible au temps fort.

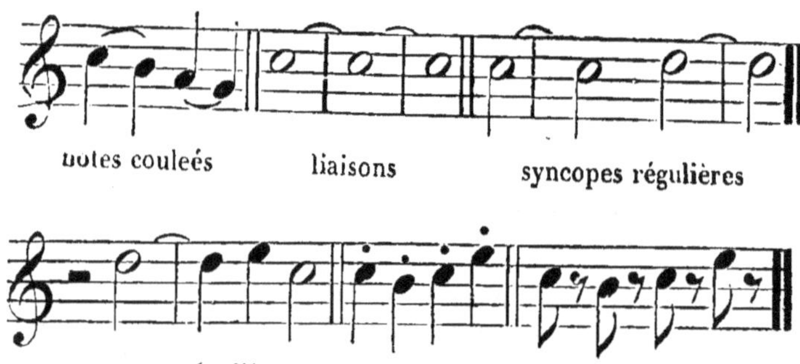

DU POINT D'ORGUE.

Lorsqu'il y a un point sous le cercle 𝄐, on l'appelle point d'orgue, c'est-à-dire qu'il faut soutenir la note et suspendre la mesure pendant quelque temps. Il se place aussi sur le silence dans la même intention. Sa durée est de convention.

Je ne mets point ici d'exercices ou leçons; les personnes familiarisées avec ce petit extrait de musique pourront étudier dans les Solféges, où elles trouveront d'autres règles inutiles dans cet abrégé.

FIN.

TABLE DES MATIÈRES.

PREMIÈRES LEÇONS.

INDICATIONS SUR LA MANIÈRE DE CHANTER L'OFFICE.

TABLE DES PRINCIPES DE MUSIQUE.

FIN.

ERRATA.

Pag. 33, deuxième ligne, *lisez* muance, *au lieu de* nuance.

Pag. 44, première ligne, *lisez* VIII siècle, *au lieu de* XVIII siècle.

Pag. 47, deuxième portée, deuxième mesure, *lisez* :

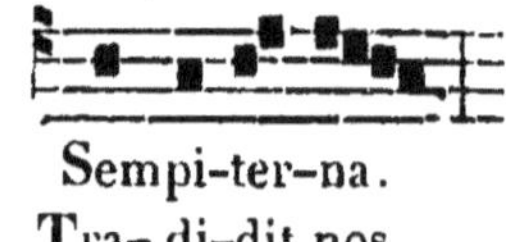

Sempi-ter-na.
Tra- di-dit nos.

Pag. 48, troisième portée, deuxième exemple, *lisez devant* : Du 8. Ton.

Pag. 57, cinquième portée, *lisez* creavit, *au lieu de* créait.

Pag. 58, *lisez* Tierce majeure, *au lieu de* Tierce mineure.

Pag. 63, première portée, *lisez* 2 A, *au lieu de* 2 D.

Pag. 77, quatrième portée, les deux exemples sont du quatrième Ton, et les trois suivans du huitième.

Pag. 96, *lisez* Tierce mineure directe, *au lieu de* Tierce majeure directe.

Pag. 110, au bas de la page, *lisez* dans, *au lieu de* dan.

Pag. 133, deuxième portée, *lisez* 5. Ton *au lieu de* 1. Ton.

Pag. 214, cinquième ligne, quatrième mesure, *il faut* un fa ♯.

Pag. 224, troisième ligne, troisième mesure, *il faut* un fa *au lieu du* mi.

Pag. 226, cinquième ligne, cinquième mesure, *il faut un* re *au lieu du* mi.

Pag. 227, troisième ligne, cinquième mesure, *il faut un* ut *au lieu du* si.

Pag. 233, troisième ligne, deuxième mesure, *il faut un* la *au lieu du* si.

www.ingramcontent.com/pod-product-compliance
Lightning Source LLC
LaVergne TN
LVHW011950220826
846092LV00001B/146